Vom Hamsterradler zum Weltenbummler

Anregungen & Hausaufgaben für potenzielle Aussteiger

Von Dietmar Wilberg

Gewidmet meiner jüngsten Tochter Greta Sofie,
die als offenherzige Weltenbummlerin aufwächst.

Impressum:

Bibliografische Information der Deutschen Nationalbibliothek: Die Deutsche Nationalbibliothek verzeichnet diese Publikation in der Deutschen Nationalbibliografie; detaillierte bibliografische Daten sind im Internet über http://dnb.dnb.de abrufbar.

Herstellung und Verlag: BoD – Books on Demand, Norderstedt

ISBN 9783749436262

Vom Hamsterradler zum Weltenbummler

Anregungen & Hausaufgaben für potenzielle Aussteiger

VON DIETMAR WILBERG

Inhaltsverzeichnis

Sobald etwas aufgehört hat lustig zu sein,
ist es an der Zeit, weiterzumachen.
Das Leben ist zu kurz, um unglücklich zu sein.
Gestresst und elend aufzuwachen ist keine gute Lebensweise.
Richard Branson

Einstimmung

Lieber Leser, Du hast sie bestimmt auch ab und zu geschaut, oder? Ich meine die Fernseh-Dokumentationen über Menschen, die ihrer angestammten Heimat Deutschland oder Österreich den Rücken gekehrt haben, um im Ausland ihr Glück zu finden. Und welches Gefühl keimte dabei in Dir auf? Eher eine Freude über den Mut der gefilmten Protagonisten, ihr oft festgefahrenes Leben zu verändern? Oder eher eine stille Schadenfreude über das Scheitern der Aussiedler, die nach vielen Monaten der intensiven und oft verzweifelten Bemühungen mit dem Etablieren ihrer Strand-Bar oder ihres kleinen Frisiersalons aufgrund finanzieller Probleme oder Akzeptanz durch die lokale Community aufgaben?

Die ehrliche Antwort darauf kannst Du Dir nur selbst geben. Aber warum frage ich das überhaupt? Nun, weil ich viele Menschen traf und zunehmend treffe, die mit ihrem beruflichen und mitunter auch privaten Alltagsleben schlicht unzufrieden waren und noch immer sind, und „eigentlich" gern ein anderes Leben geführt hätten beziehungsweise führen würden, wenn sie nur wüssten, wie das geht! Genau darum geht es in meinem dritten „Metamorphose-Buch" aus der Reihe „Vom…zum". Ich schreibe frei aus dem Herzen heraus und zugleich als erfolgreicher Praktiker über das so genannte und oft zitierte Aussteigen aus dem ungeliebten „Hamsterrad", um Dich als Leser zu inspirieren, es mir nachzumachen, wenn Du es denn tatsächlich ernst damit meinst. Im Wirkbereich ernster Absichten und konsequenter Handlungen findet sich nämlich kein Platz mehr für das unverbindliche Trendwort „eigentlich". Das will ich nur klarstellen, bevor ich Dir ein erfolgversprechendes Vorgehen hier verständlich erläutere.

So zeige ich Dir Schritt für Schritt, was wie genau geht, und zwar unabhängig davon, wo Du heute stehst beziehungsweise von wo aus Du startest. Denn Du darfst ruhig die Illusion aufgeben, dass Aussteigen oder zutreffender ein Umsteigen in einen anderen Zug unseres Lebens nur etwas für vermeintlich Reiche ist! Diese Illusion ist bei vielen Zeitgenossen tief in ihr Mindset gefräßt und wird zudem beinahe immer gefüttert vom direkten Lebensumfeld, welches nur ungern eine drastische Änderung des Status Quo akzeptiert, weder für sich selbst, noch für Mitglieder des Familienclans. Um einen „Träumer" auf vertrautem Kurs zu halten, werden argumentativ dicke Geschütze aufgefahren: das geht doch nicht! Das schaffst Du sowieso nicht! Das kannst Du doch nicht machen… wegen der Kinder, der Großeltern, Deiner Freunde und Arbeitskollegen, Deinen Haustieren und, und, und! Andererseits kann es auch sein, dass der vermeintliche „Ausreißer" keinen wirklichen Plan hat, sondern lediglich substanzlos aber vernehmbar vor sich hin fantasiert und das persönliche Umfeld genau dies realisiert, was dort wiederum Ängste und Bedenken schürt.

Natürlich hast Du längst gemerkt, dass ich Dich Duze. Wie auch im Vorgängerbuch schrieb ich dieses Werk ebenfalls im Dialog-Stil, also so, als wenn sich zwei Freunde entspannt gegenüber sitzen und über Gott und die Welt plaudern. So hoffe ich auf Deine Akzeptanz und ebenso, dass Du zu jenen tiefgründigen Menschen zählst, die sich mehr auf Inhalte als nur auf Formen fokussieren – danke!

Dieses Buch versteht sich nicht als perfekt strukturiertes Sachbuch mit bloßem Analyse- und Ratgebercharakter, weshalb ich auf das intensive Zitieren verzichtet und mir somit viel überflüssigen Anhang erspart habe. Wenngleich jede Menge „altes Wissen" spielerisch und leicht verständlich verarbeitet ist, beruht es auf einer lebendigen Blaupause, nämlich meinem eigenen Leben an schönen Orten der Erde mit einer großartigen Frau und unserer jüngsten Tochter an der Seite. Mein neues Buch soll all jene Menschen inspirieren, die den Puls der Zeit spüren und die permanente Veränderung als einzige Konstante sowie unbedingte Voraussetzung für ein befriedigendes und glückliches Leben verstehen. Wenn Du also jemand bist, der das Prinzip Eigenverantwortung erkannt hat und Du Dich auf den Weg dorthin gemacht hast oder jetzt machen willst, wo Dein Herz Dich hinzieht, vermag Dir mein Buch ganz sicher als Inspirationsquelle zu dienen. Dabei gehe ich Schritt für Schritt durch den notwendigen Metamorphose-Prozess, den zu erledigenden „Hausaufgaben". Demnach starten wir also nicht mit dem Flieger in ein Paradies Deiner Wahl. Nein, wir beginnen mit dem notwendigen „Vorspiel", also jenen inneren und äußeren Veränderungen, die Dein Aussteigen nicht zu einem „netten Versuch" verkümmern lassen, sondern mit hoher Wahrscheinlichkeit von Erfolg krönen werden. Denn wie heißt es in Unternehmerkreisen so zutreffend: eine gute Vorbereitung ist schon die halbe Miete! Viel Spaß beim Lesen!

Unser Leben ist das Produkt unserer Gedanken.
Marcus Aurelius

Die große Überraschung

Möglicherweise erzähle ich Dir gleich zu Beginn etwas, das Du längst weißt? Falls ja, umso besser, und falls nicht, ist es auch gut. Denn letztlich kann ich nicht die ganze Bandbreite der Weltbilder meiner Leserschaft erahnen. Es ist ein bisschen wie in der Erwachsenenweiterbildung, wo sich Interessenten mit unterschiedlicher Vorbildung und aller Altersgruppen einer bestimmten Thematik zuwenden und der Vortragende es dennoch versucht, alle Teilnehmer in den Lernprozess zu integrieren.

In unserer modernen und medial befeuerten Welt ist die absolute Mehrheit der Menschen auf das Außen fokussiert. Das scheint spannend und informativ zu sein, betrachtet man es mit einer positiven Einstellung. Und es erscheint stressig und vereinnahmend für Pessimisten. Noch zu wenige Menschen richten ihre Aufmerksamkeit regelmäßig nach innen. Aber genau dort und ausschließlich dort liegen die Antworten für Dein Leben. Deine innere Wandelungs- und Anpassungsfähigkeit entscheidet über die Qualität Deines künftigen Lebens! Das ist kein „esoterisches" Geschreibsel, sondern gelebte Realität. Zumindest für mich. Und warum kann das auch für Dich die Basis für alle weiteren Schritte zum Aussteigen aus dem alten, oft unbefriedigenden Leben und der Einstieg in eine glücklichere Existenz sein?

Die Antwort für alle spirituellen Praktiker liegt im uns überlieferten Wissen der Altvorderen. So wussten beispielhaft bereits die griechischen Philosophen vor ein paar tausend Jahren auch ohne die Nutzung komplexer technischer Apparaturen, dass das Außen lediglich ein Spiegel unserer eigenen Innenwelt ist. Erst vor knapp 100 Jahren starteten die Quantenphysiker im Zuge der wuchernden technischen Entwicklungen mit der Zusammenstellung der wissenschaftlichen Tests und Beweise, dass die alten Griechen sowie Philosophen anderer Kulturen mit ihren empirischen Beobachtungen Recht hatten: wie innen, so außen und umgekehrt! Es gibt demnach keine objektive Realität und mittels unserer Gedanken erschaffen wir über energetische Umformprozesse unser materielles Dasein!

Dies demonstriere ich kurz an einem einfachen Beispiel: Bevor Du zuhause an Deinem Tisch sitzen kannst, um zu speisen, muss dieser Tisch gebaut werden. Und bauen kann man ihn nur, wenn man die entsprechenden Werkstoffe verfügbar hat. Diese „Zutaten" - zum Beispiel Holz und Schrauben- müssen für Größe und Form des Tisches per Hand oder Maschine vorgefertigt werden. Irgendjemand muss demnach eine konkrete Vorstellung über genau diesen Tisch entwickelt haben, damit die passenden Teile aus den geeignetsten Werkstoffen bereitstehen und über energetische Umformprozesse zu dem in der Vorstellung bereits existenten Tisch werden. Am Anfang stand und steht folgerichtig die Idee, unsere detaillierte Imagination als Ursache für das materielle Endprodukt, in unserem Fall also für den Tisch. Verstehst Du, was ich meine? Es mag Jahrzehnte lang durch Schule und Studium konditionierten Materialisten schwer fallen, diese simple, jedoch so wichtige Wahrheit anzuerkennen, aber ich führe hier lediglich ein universelles Gesetz an, das eben keine menschliche Quelle besitzt und deshalb ganz unabhängig von unserer Zustimmung wirkt.

Was hat das jetzt mit Deinem möglichen Ausstieg zu tun? Alles! Je klarer und achtsamer Du Deine „Rolle" im großen Spiel des Lebens wahrnimmst und ebenso das große Spiel selbst verstehst, desto unabhängiger wirst Du von Manipulation, also Fremdsteuerung, und umso eher machst Du Dich ganz bewusst und systematisch auf Deinen Herzensweg. Und der ist in vielen Fällen, die ich auch persönlich kenne, verschüttet durch in der frühen Kindheit aufgesogene Verhaltensmuster, gesellschaftliche Konfessionen, Vorurteile und Ängste. Vorüber ich hier spreche ist also Dein innerer Ausstieg, der zwingend zuallererst erfolgen muss, wenn Du auch im Außen messbar vorankommen möchtest! Ist das schon alles, könntest Du jetzt – vielleicht enttäuscht – fragen? Nun, nicht so ganz, denn nur zu wissen ist nicht, es auch zu tun! Zuerst solltest Du Dich jedoch mit den Spielregeln auf unserem Erdball intensiver beschäftigen, da Du nur dann bewusst entscheiden kannst, wohin Du Deinen neuen Lebensweg abseits vom Mainstream lenken willst.

Willst du dich am Ganzen erquicken,
so musst du das Ganze im Kleinsten erblicken.
Johann Wolfgang von Goethe

Alles ist sich gleich, ein jeder Teil repräsentiert das Ganze.
Ich habe zuweilen mein ganzes Leben in einer Stunde gesehen.
Georg Christoph Lichtenberg

Das Spiel des Lebens

Möglicherweise glaubst Du vielleicht noch oder auch nur manchmal, die Welt sei schlecht und das Leben besonders zu Dir oft ungerecht? Vielleicht bist Du davon überzeugt, dass es sofort besser werden würde und Du es leichter hättest, wenn doch nur kompetentere Politiker und mehr auf das Gemeinwohl ausgerichtete Bankiers das Sagen hätten? Falls ja, dann tröstet es Dich vielleicht, dass immer mehr Menschen so denken und ihrem Unmut in den so genannten „sozialen Medien“ Luft machen, oder?

Gut, dann lass es mich im Klartext formulieren: Falls Du das alles glaubst, bist Du noch ein „OdS“, ein Opfer des Systems, das alle Schuld an der eigenen Misere ins Außen verlagert! Ein Opfer, weil Du Dein eigenes Schicksal freiwillig an die äußeren Bedingungen knüpfst, die Du natürlich nicht ändern kannst. Zumindest nicht sofort messbar im Großen. Diese vermeintliche Hilflosigkeit als „kleines Licht“ ist ein prima Alibi und entbindet Dich scheinbar der Pflicht, Dich effektiv zu bewegen. Mit effektiv meine ich weder frustrierte Kommentare in den sozialen Medien noch Schimpfereien am Stammtisch, sondern reale Veränderungen für Dein Leben. Damit Du jetzt nicht lamentierst, ich ziehe Dich auch noch runter, biete ich Dir nun einen Ansatz, um Dich aus dieser Gedankenfalle zu befreien. Einverstanden?

Nimm doch einmal die Adlerperspektive ein und schau von oben! Oder was siehst Du gar aus zehn Kilometern Höhe aus dem Ferienflieger? Richtig! Du siehst die Struktur von „Mutter Erde“ und nicht einmal mehr die einzelne „Ameise“ Mensch, die sich für die Krone der Schöpfung hält. Große Berge erscheinen Dir plötzlich als mickrig und breite Flüsse wie Rinnsale. Und dann richte den Blick ebenso nach oben, was verständlicherweise bei klarem Nachthimmel besonders eindrucksvoll ist, da Du unzählige Sterne am Firmament bewundern kannst. Und plötzlich wird Dir klar, dass dieses Universum im Kleinen wie im Großen mühelos ohne uns „Ameisen“ existieren kann! Welche Wirkung hat vor solch einer Imagination noch der gerade durch Dich aus dem Postkasten gefischte Behördenbrief? Oder der Kratzer im Lack Deines ach so geliebten Autos? Wir sind alle hier nur kurz zu Besuch und stopfen uns für gewöhnlich jeden einzelnen Tag mit ach so wichtigen Verpflichtungen in Schule, Studium, Arbeit und selbst Freizeit voll, erholen uns recht und schlecht an den viel zu kurzen Wochenenden und feiern den höchstens dreiwöchigen Sommerurlaub als den Höhepunkt des Jahres. Dabei wissen wir nicht einmal, wie lange wir hier mitspielen dürfen – vielleicht 70 Jahre, mit viel Glück und Pflege möglicherweise 85 Jahre? Und dafür die ganze Aufregung, die stressbedingten Krankheiten, die Allergien, Herzinfarkte oder Krebssymptome? Klingt das wie ein spannender und Glück verheißender Plan für Dein Leben? Wohl kaum, oder?

Nicht den Tod sollte man fürchten,
sondern dass man nie beginnen wird, zu leben.
Marcus Aurelius

Der größte Bremser

Nein, hier geht es weder um Autorennen noch um Fußball, sondern um etwas, das die moderne Menschheit fest im Würgegriff hält: die Angst! Bevor wir zu den Regeln des Großen Spiels kommen, müssen wir uns zunächst mit diesem Phänomen beschäftigen.

Wovor hast Du Angst? Davor, Deinen ungeliebten, aber den Kühlschrank füllenden Job zu verlieren? Oder davor, vom Lebenspartner verlassen zu werden? Hast Du Angst davor, von einer vermeintlich unheilbaren Krankheit heimgesucht zu werden, weil das ja ein Teil Deiner Familienchronik und somit gemäß schulmedizinischer Meinung genetisch programmiert ist? Traust Du Dich nicht mehr, ohne Schweißausbruch in ein Flugzeug oder auch nur Auto zu steigen, da Du befürchtest abzustürzen oder einen Unfall zu erleiden? Selbst harmlos anmutende Ängste wie beispielsweise die so bezeichnete „Prüfungsangst" oder die Angst vor dem Versagen als Redner auf einer Bühne vor großem Publikum gehören in die Rubrik der großen Bremser. Und, was ist Dir noch dazu eingefallen? Denk einmal in Ruhe darüber nach! Und Ruhe meint nicht mit dem Handy vor laufender Glotze zu liegen, sondern ganz mit Dir allein sein und dabei äußere Stille zu ertragen. Nur dann hörst Du nämlich Deine innere Stimme, die einmal nicht übertönt wird vom Krach im Außen.

Merkst du etwas, allein schon bei dem Gedanken an das eben beschriebene, vollständig ablenkungsfreie Sein mit Dir selbst? Hast Du vielleicht Angst davor, mit Dir allein zu sein? Die gute oder besser tröstende Nachricht ist, dass Du damit einer Mehrheit angehörst, denn unzählige Menschen scheuen sich bereits davor, auch nur kurze Zeit mit sich selbst in Stille zu verbringen. Wobei Du das bewusste Alleinsein nicht mit gefühlter Einsamkeit aufgrund fehlender sozialer Anbindung verwechseln darfst. Noch einmal: die erwünschten Antworten auf Deine brennenden Fragen und somit Klarheit für Deinen weiteren Lebensweg findest Du nur in

Dir selbst! Gespräche mit Freunden vermögen Dich ausschließlich zu inspirieren, Dir hier und da einen Gedankenanstoß zu vermitteln, aber niemand außer Dir selbst kann und muss die Verantwortung für Dein Leben übernehmen.

Was so simpel klingt, kann schwerer umsetzbar sein als Du glaubst. Ich verlor leider meinen Vater bereits, als ich gerade einmal 28 Jahre jung war, also zu einer Zeit, da ich selbst noch nicht gefestigt und zielstrebig im Leben stand. Seither hatte ich mir viele Jahre lang regelmäßig seine Unterstützung als männlichen Mentor gewünscht, um neue Situationen oder knifflige Entscheidungen kompetent „absegnen" zu lassen. Sein viel zu früher Tod im Alter von nur 53 Jahren verhinderte dies und ein ebenbürtiger Pate stand für mich nicht zur Verfügung. Es dauerte etliche Jahre bis ich endlich akzeptierte, mein eigener „Reiseführer" zu sein, und dies ganz unabhängig von anderen Meinungen und Ratschlägen, selbst den lieb gemeinten aus der eigenen Familie. Je mehr ich mich darauf einließ und je mehr ich dem Leben selbst lauschte und vertraute, umso sicherer setzte ich Schritt für Schritt vorwärts auf meinen Weg. Die Angst, allein zu entscheiden und möglicherweise Fehler zu machen, löste sich komplett auf und wich dem natürlichen Drang, neue Ufer zu erkunden im großen Spiel des Lebens.

Einen Bremser habe ich noch. Nicht irgendeinen, sondern den Bremser schlechthin! Sicher hast Du bei der Aufzählung der potenziellen Angstmacher einen ganz wesentlichen vermisst, oder? Diese Angst ist sozusagen die „Mutter aller Ängste" und deshalb fast immer ein Tabu-Thema in unserer vermeintlich aufgeklärten Gesellschaft: die Angst vor dem Tod! Wie fühlt sich das jetzt für Dich an? Verstehst Du, was ich damit meine? Ganz egal, ob Du aus einem streng gläubigen Umfeld kommst oder ob Du als Atheist erzogen wurdest, dieser Angst wollen wir alle nicht gern in die Augen schauen. Das scheint zunächst verständlich, verdient jedoch hinterfragt zu werden. Kannst Du die folgende Frage – von einer Antwort darauf rede ich noch gar nicht – grundsätzlich zulassen: was wäre, wenn der gefürchtete Tod nur eine Illusion ist? Nun, ich kann jetzt leider nicht die Emotionen in Deinem Gesichtsausdruck sehen, aber hoffe sehr, Du traust Dich mir weiterhin im Geiste zu folgen.

Versteh mich bitte richtig: ich will und werde hier keine tiefer gehende philosophische oder gar religiöse Theorie zu dieser aufgeworfenen Frage einbetten. Mir geht es einzig und allein darum, Dich anzuregen, nach und nach und zuallererst im Geiste auch das vermeintlich Undenkbare zu denken, denn nur so kommst Du von Deiner kleinen Welt aus in neue Dimensionen hinein. Angstfrei gleitest Du dann beinahe automatisch in das einheitliche und alles Irdische verbindende Energiefeld nahezu unbegrenzter Entfaltungsmöglichkeiten!

An dieser Stelle verrate ich Dir das ultimative Hilfsmittel, um in unangenehmen, kritischen Situation schnell in eine angstfreie Zone zu gelangen: denk immer an das große Spiel der universellen Kräfte: je höher Du den Blickwinkel auf Deine aktuelle Situation ziehst, desto eher realisierst Du, dass es hier in der Materialität um nichts geht! Ja, richtig, es geht um absolut nichts, wenn Du - wie vorhin – von ganz weit oben schaust. Alles bewegt sich unablässig und dies auch ganz ohne Deinen Beitrag in welcher Form auch immer. Lass es mich einmal drastisch beschreiben: Ich kenne etliche Zeitgenossen, die sich für unabkömmlich halten und glauben, ohne sie würde sich nichts bewegen, vor allem in der Welt des Geschäfts, in der Welt der „Schönen und Reichen". Aber was würde wohl passieren, wenn diese vermeintlich höchst wichtige Person aufgrund dauerhafter Überlastung „plötzlich und unerwartet" aus dem Leben scheiden würde? Würde die Erde aufhören zu rotieren? Würden die Pflanzen aufhören zu wachsen? Würden die ökonomischen Austauschprozesse weltweit enden oder die Passagierflugzeuge für immer am Boden bleiben? Sicher nicht! Natürlich würde für eine kurze Zeit und abhängig von der Prominenz des Verstorbenen eine im Vergleich zur Unendlichkeit des Universums minimale Aufmerksamkeit in seine Richtung fließen, fokussiert durch die Trauernden und fokussierte mediale Präsenz. Aber für alle anderen Erdbewohner würde sich absolut nichts in ihrem eigenen Leben ändern, denn alles fließt ständig, ob Du dabei bist oder nicht…

Jetzt flüstern besonders spirituelle Geister in mein Ohr, dass jeder einzelne von uns sehr wohl einen Unterschied macht. Jedes menschliche Wesen ist einmalig und vermag es tatsächlich, einen Unterschied in Präsenz und Wahrnehmung zum grauen „Einheitsbrei" des Hauptstromes zu demonstrieren. Zumindest im persönlichen Umfeld und in begrenztem Umfang darüber hinaus. Und aus der Sicht eines Menschen, der sich selbst gemäß seinen inneren Potenzialen und äußerer Rahmenbedingungen konsequent entwickelt und entfaltet, sind wir eben nicht nur belebter Sternenstaub, gleichgeschaltete und verwechselbare Ameisen auf einem im Weltall rotierenden Erdball. Sondern wir sind alle mit unterschiedlichen Fähigkeiten ausgestattet, um unsere energetischen Fußabdrücke im morphogenetischen Feld zu hinterlassen. Du bist also nicht zu klein und unbedeutend, um etwas Gutes für andere Menschen und Mutter Erde bewirken zu können. Nur wäre es regelrecht schädlich für Dich, alles und jedes sowie vor allem Dein Ego zu wichtig zu nehmen und das große Bild deshalb aus den Augen zu verlieren!

In dieser Betrachtungsweise steckt für mich kein Widerspruch zur vorherigen Aussage. Schließlich existiert aus universeller Sicht kein „richtig“ oder „falsch“, sondern ausschließlich „es ist“! Da es jedoch für den einzelnen hier im großen kosmischen Spiel um absolut nichts geht, außer für die gewählte Lebensspanne mit den uns gegebenen Sinnesorganen die verdichtete Energie, die wir Materie nennen, zu erleben, zu begreifen, zu betrachten, zu schmecken und zu riechen, ist die vielen Zeitgenossen innewohnende Angst nicht nachvollziehbar.

Zugegeben, eine solche, die irrationale Angst eindämmende Betrachtungsweise muss trainiert und kultiviert werden, da sie kein gesellschaftlicher Konsens ist. Im Gegenteil: unsere medial dominierte Gesellschaft schürt eher noch diverse Ängste, um jede einzelne „Ameise“ am Tropf der Abhängigkeit zu halten, und zwar in allen essentiellen Lebensbereichen wie Gesundheit, Energie- oder Finanzwirtschaft. Je tiefer Du Dich so alltäglich in nebensächliche Details verstricken lässt, umso weiter entfernst Du Dich von Dir selbst. Du tauschst dann die Eigenverantwortung für die Gestaltung Deines Lebens gegen die Fremdsteuerung durch seichtes Entertainment und gezielte Ablenkung von Deiner reichen Innenwelt. Du hast die Wahl, in welchen Energiestrom Du eintauchst. Immer!

Was wäre das Leben,
hätten wir nicht den Mut,
etwas zu riskieren?
Vincent van Gogh

Wir, der „Homo Ökonomicus"

Der Begriff des „Homo Ökonomicus" ist keine Eigenschöpfung und ich gehe davon aus, dass Dir längst bewusst ist, dass es heute nur noch um´s Geld geht. Nun ja, nicht immer offensichtlich, da unser Geld dem Wesen nach das notwendige Bindemittel globalisierter Austauschprozesse verkörpert, aber hinter der schillernden Fassade unablässig dröhnender Konsumenten-Werbung nicht als eigentliche Triebfeder allen Handelns identifiziert wird. Produktvielfalt und Informationsflut sorgen zunehmend für Verwirrung, was es nicht leicht macht, den zerstörerischen Charakter unseres Papier- und Giralgeld-Systems zu erkennen. In meinen beiden vorangegangenen Büchern habe ich die Geschichte und den Wirkmechanismus ausführlich dargelegt, weshalb ich mich hier auf die Quintessenz fokussiere.

Der dem ungedeckten Zinseszins-Geld-System mathematisch innewohnende Wachstumszwang hat uns alle mehr oder weniger zum „Homo Ökonomicus" degradiert. Nur eine Minderheit auf unserem Globus tut den ganzen Tag lang tatsächlich das, was sie wirklich will, und kann davon mühelos leben. Die Masse der Menschen hingegen macht irgendeinen Job, damit zumindest ein Dach über dem Kopf sowie Essen und Trinken bezahlt sind. Dem Zwang, Geld zu verdienen, um zu (über) leben, werden die Talente, Leidenschaften und eigentlichen Lebensziele Monat für Monat untergeordnet. Und weil das fast alle genau so tun, gilt dies als „normal". Die Muster der Elterngeneration werden kopiert in der Hoffnung, später einmal eine ausreichend gut bezahlte Anstellung zu bekommen: Vorschule, Schule, Abitur, Studium und Bewerbungen bei großen und möglichst bekannten Firmen, wo man die besten Chancen für eine erfolgreiche Karriere vermutet. Ökonomisch erfolgreich, versteht sich, denn Platz für ausreichend Glücksgefühle ist dort nicht eingeplant.

Sicherlich hast Du auch Talente, Hobbies oder Themen, zu denen Du Dich intuitiv hingezogen fühlst, richtig? Hast Du jemals darüber ernsthaft nachgedacht, genau das zu Deinem Beruf beziehungsweise zu Deiner Berufung zu machen? Falls nicht, dann gibt es einen einfachen Test, um die Ernsthaftigkeit Deiner Ambitionen zu prüfen: Ziehe Dich in die Stille zurück – Du erinnerst Dich, was ich damit meine – und stelle Dir diese Frage: Was würde ich den ganzen Tag lang beziehungsweise für den undefinierten Rest meines Leben am liebsten tun, wenn Geld keine Rolle mehr spielen würde? Damit ist hier gemeint, es stände Dir ausreichend Geld bis zum Lebensende zur Verfügung, auch wenn Du keiner „geregelten Arbeit" mehr nachgehen würdest. Wie fühlt sich diese Vorstellung also an? Welche Bilder erscheinen jetzt vor Deinen geistigen Augen, wo Du vollkommen entspannt der Zukunft entgegen schaust?

Bitte nimm Dir Zeit, klare Antworten auf diese Frage zu erhalten! Mit „erhalten" meine ich hier nicht das Resultat angestrengter Gehirntätigkeit, sondern das scheinbar grundlose Aufploppen von Bildern, die Du bisher aus einem Mangelbewusstsein heraus stets verdrängt hattest. Wenn diese Resonanzen Dich zum Schmunzeln bringen, wenn sie Dein Herz vor Freude hüpfen lassen und Du am liebsten sofort starten willst, dann hast Du den groben Plan für Deinen künftigen Lebensweg vor Dir ausgebreitet. Falls Du Deinen Anflug von Euphorie allerdings jäh unterbrichst mit der Erinnerung an Deinen bisherigen Glaubenssatz, man könne doch nicht alles hinwerfen und stattdessen Dinge tun, von denen sich wahrscheinlich schlecht leben lässt, dann ist Dein Leid noch nicht drängend genug! Diese Diskrepanz zwischen dem, was man aus rein ökonomischen Gründen tut und jenem, was man viel lieber tun würde, führt umso schneller zu Disharmonien auf körperlicher Ebene, sprich zu Krankheiten, je größer sie ist. Solange Du Deinen vom Mainstream konditionierten Verstand die Herrschaft über Dein Herz zubilligst, blockierst Du für Dich lebensnotwendige Energien. Aber Energieblockaden sind immer die Auslöser körperlicher Schmerzen. Verstehst Du, was ich meine?

Wenn Du mir folgen kannst in meiner Sichtweise auf das große Spiel des Lebens, stellt sich eine weitere und offensichtlich simple Frage: Warum solltest Du immer das Gleiche, das schon Bekannte tun, wenn Du hier nur deshalb für eine bestimmte Zeit präsent bist, um verdichtete Energie, die wir als „Materie" bezeichnen, in allen Facetten auszuprobieren? Kann es sein, dass es nicht unsere natürliche Bestimmung ist, durch haufenweise Institutionen zu laufen, die vorgeben uns erziehen und bilden zu wollen, bis wir „reif" für die Integration in den Arbeitsprozess und ein nützliches Rädchen im Getriebe der „Homo-Ökonomicus-Gesellschaft" sind? Kann es sein, dass es nicht unsere natürliche Bestimmung ist, rund 45 Jahre fleißig und oft für fremde Interessen zu arbeiten und währenddessen die vage Hoffnung zu pflegen, die Rente einer staatlichen Verteilungsbürokratie lange genug erhalten zu können?

Für den Fall, dass Dich jetzt Ungeduld oder gar Unruhe beschleicht und Du sofort Patentlösungen von mir möchtest, muss ich Dich enttäuschen. Die Hauptarbeit liegt allein bei Dir, indem Du nämlich Deine Innenwelt klärst und zwar so, dass sie sich in Deiner äußeren Realität entfalten lässt. Ich illustriere hier das große Spiel, halte Dir ehrlich und direkt den Spiegel vor die Nase und inspiriere Dich im Folgenden noch mit einem erprobten und nachahmbaren Stufenplan zum Ausstieg aus dem oft zitierten und ungeliebten Hamsterrad. Bitte verwechsle meine oder auch sonstige Inspiration nicht mit dem Begriff der Motivation, denn obwohl etliche so genannte Motivationstrainer durchaus in der Lage dazu sind, Dich im Rahmen einer Großveranstaltung zu begeistern und zu puschen, so hält dieser Effekt nur für wenige Tage an und er hat zudem nichts mit Dir zu tun! Warum? Nun, im Wort „Motivation" steckt das Motiv. Ein Motiv – das kennst Du aus Krimis – führt zu Handlungen, manchmal auch zu Unterlassungen, und jeder einzelne von uns hat seine eigenen Motive sich zu bewegen oder eben zu verharren. Diese Motive können nicht beliebig zwischen unterschiedlichen Persönlichkeiten ausgetauscht werden. Nur Du allein kannst Motive in Dir erzeugen oder entdecken, die Dich antreiben, Dein Leben in die gewünschte Richtung zu verändern. Soweit klar?

Schon immer beruhten die meisten menschlichen Handlungen auf Angst oder Unwissenheit.
Albert Einstein

Die meisten leben in den Ruinen ihrer Gewohnheiten.
Jean Cocteau

Unser Perpetuum Mobile

Das klingt nun jetzt wirklich nicht neu für Dich, oder? Es scheint doch klar zu sein, dass das Setzen einer Ursache eine bestimmte Wirkung erzeugt, und zwar immer, richtig? Wenn Du also ursächlich Dein Rotweinglas überfüllst, dann verplemperst Du den alkoholhaltigen Traubensaft und die Tischdecke wird rotfleckig, was dann die folgerichtige Wirkung Deiner Unachtsamkeit ist. Ok, die Sache setzt sich fort: beispielsweise wird diese Wirkung wieder zu einer Ursache, weil Du nämlich nun die Ursache dafür gesetzt hast, Salz zu holen, um die dauerhafte Verfärbung der Tischdecke zu verhindern. Mit der Verwendung von Salz als Rotweinfleck-Neutralisation bereitest Du die nächste Wirkung vor. Die Tischdecke wird nämlich nach der nächsten Maschinenwäsche wieder aussehen, als hättest Du niemals Wein verschüttet. Aber das nur zur Illustration dieses „Perpetuum Mobile", denn mir geht es nicht um den Rotwein, sondern hier zunächst um die Rolle des Geldes im Ursache-Wirkungs-Mechanismus!

Erinnerst Du Dich noch an meine Frage bezüglich Deines Tuns für den Fall, dass ausreichend Geld in Deinem Leben vorhanden wäre? Gut. Jetzt könntest Du natürlich einwenden, dies ist nur reine Theorie, denn in der alltäglichen Realität musst Du einer Arbeit nachgehen, die Du möglicherweise nicht wirklich magst, die jedoch Deine Miete bezahlt und den Kühlschrank füllt. Aber was genau sagst Du Dir damit? Richtig! Deine wahren Bedürfnisse und Ambitionen vermögen es Deiner Meinung nach nicht, Dich zu ernähren, geschweige denn wohlhabend zu machen! Wenn Du so argumentierst, setzt Du den vermeintlichen Geldmangel als Ursache für die Unterdrückung Deines wahren Lebensplanes. Mit welcher Wirkung wohl? Hast Du´s? Genau, das intelligente Universum unterstützt

Dich bei der Kultivierung dieser destruktiven Einstellung: Du glaubst, Du hast zu wenig Geld – so sei es!

Wie wäre es mit mehr (Selbst)Vertrauen? Ich meine das Vertrauen in Deine Fähigkeit und Deinen Mut, trotz aller Widerstände genau das zu tun, wofür Dein Herz schlägt und somit eine neue Ursache zu setzen. Eine authentische Ursache, der als eine Wirkung sehr wahrscheinlich ein ausreichender oder gar unerwartet großer Finanzfluss folgen wird! Dann wäre Geld beziehungsweise der bisher gefühlte Mangel an Geld erstmals nicht mehr die Ursache für Dein Tun oder Nichtstun, sondern die logische Wirkung des konsequenten Richtungswechsels in Deinem Leben.

Im Grunde geht es Dir doch gar nicht vordergründig um Geld, richtig? Es geht Dir doch eigentlich – da ist es wieder, unser Modewort – um mehr Lebenszeit, die Du für Dich und Deine tatsächlichen Bedürfnisse und Interessen verwenden kannst, oder liege ich mit dieser Vermutung falsch? Immer wieder werden Studien veröffentlicht, wo es um die „Gretchenfrage" geht, wie viel Geldverdienst denn nun glücklich macht? Das Ergebnis dürfte Dich nicht wirklich überraschen, denn währenddessen eine Verdoppelung des Jahresverdienstes von zum Beispiel 30.000 auf 60.000 Euro beim Begünstigten noch reichlich für Endorphin-Ausschüttung sorgt, bringt eine weitere Verdopplung des Einkommens das Blut schon weniger in Wallung. Denn es wird schnell klar, was der Preis für dieses fürstliche Gehalt ist: mehr einzusetzende Lebenszeit für die Karriere! Ergo schmilzt der Zeitfonds für das Privatleben weiter. Ich kenne einige Zeitgenossen, die locker eine 60-Stunden-Woche für ihren Arbeitgeber runterreißen. Natürlich beuten sich ebenso Kleinunternehmer und Freiberufler derart aus, nur um ihren Status Quo gegenüber der Außenwelt unter allen Umständen zu halten. Oder mangels eines alternativen Lebensplanes.

Wie klingt das in Deinen Ohren? Nun, Zweifel sind gestattet, aber gehe bitte davon aus, dass dies keine Theorie, sondern für mich und meine Familie gelebte Realität ist – danke! Um dieses komplexe Thema griffiger für Dich zu gestalten, folgt nun ganz konkret meine Blaupause für das Aussteigen aus einem nicht mehr gewollten Leben.

Der Mensch hat dreierlei Wege klug zu handeln:
durch Nachdenken ist der edelste,
durch Nachahmen der einfachste,
durch Erfahrung der bitterste.
Konfuzius

Hausaufgaben

In der klassischen Schule kommen die Hausaufgaben beinahe immer zum Schluss der Unterrichtstunde. Hier stehen sie am Anfang. Wobei ich mich hier auf die eigenverantwortliche Weiterbildung zur Erlangung alltagstauglichen Wissens konzentriere. Ein starkes Motiv, also das „Wofür lerne ich?“, in Verbindung mit dem Mut zur Veränderung sowie herzgesteuerter Leidenschaft musst Du ja – wie bereits behandelt - ganz allein aufbringen. Unser Herz ist ja auch sinnbildlich das Symbol für die Liebe, also für jene mentale Kraft, die zu Recht als stärkste Macht im Universum bezeichnet wird. Je mehr und intensiver Du die Verbundenheit mit allem, was ist, fühlst und lebst, umso weniger wirst Du in alte Muster des Widerstandes und des Kampfes verfallen. Widerstand gegen das, was Du nicht ändern kannst, und mentale sowie physische Kämpfe, die Du nicht gewinnen kannst. Beides raubt Dir jedoch immens Lebensenergie! Schaust Du wieder von ganz oben, so siehst Du „nur“ belebten Sternenstaub, geronnene Energie in jedem Menschen, jedem Tier und ebenso in jeder Pflanze, also in jenen grobstofflichen Erscheinungen, die wir als „Materie“ bezeichnen. Alles besteht also in der Essenz aus den gleichen Energieteilchen, die mit spezifischer Frequenz schwingen. Zusammen bilden wir eine Art „Energiesuppe“. Aus dieser, dem Ursprung nach alten Erkenntnis heraus kannst Du nur in Wohlwollen und Liebe mit dem Ganzen um Dich herum verbunden sein, wenn Du glücklich sein und in Frieden leben möchtest! Kämpfst Du hingegen – auch nur verbal - gegen „Gott und die Welt“ und das nur, um immer mit Deinen Ego-dominierten Ansichten Recht zu behalten, so behinderst und schädigst Du Dich folgerichtig immer selbst. Ist das nachvollziehbar für Dich?

Natürlich ist das ein Trainingsprozess, den auch ich – trotz meiner theoretischen Erkenntnis schon vor vielen Jahren – de facto täglich mit vielen kleinen Entscheidungen durchlaufe. Angefangen hatte es damals mit meiner Selbstbeobachtung und der daraus resultierenden Frage meines achtsamen Bewusstseins, meiner inneren Stimme an mein rational dominantes Ego: was tue ich hier gerade? Beispielsweise beim Autofahren, wenn ich von jemanden ohne das Setzen des Blinkers und viel zu knapp geschnitten wurde. Mein konditioniertes Programm sprang an und ich schimpfte wie ein Rohrspatz über diese vermeintliche Rücksichtslosigkeit. Und dies tat ich lauthals, sehr zum Missfallen meiner jeweiligen Fahrbegleiter, die diesen emotionalen Monolog tapfer zu ertragen hatten. Heute freue ich mich über meine Fortschritte, denn – wenn überhaupt – kommentiere ich solch Verhalten nur noch kurz und in normaler Lautstärke, jedoch ohne dabei mein Blut in Wallung zu bringen. Mein unsichtbarer, jedoch zunehmend präsenterer Beobachter gewinnt fast immer die Oberhand und sorgt für mehr Ruhe und Gelassenheit auch zur Freude der restlichen Fahrzeug-Insassen. Dieser innere Beobachter erinnert mich nämlich an die irgendwann in einem schlauen Buch gelesene „Cool-down-Formel“ für die Wahrnehmung solchen Verhaltens und meine mentale Reaktion darauf: Der Typ konnte es eben nicht besser! Genau, der vermeintlich chaotische Fahrer konnte es nicht besser. Denn hätte er in diesem Moment angemessener handeln können, hätte er es bestimmt getan! Und wahrscheinlich gibt es einen Grund für sein unachtsames Verhalten im Straßenverkehr: möglicherweise hat er einen wichtigen Termin, der unter Umständen mit seiner oder der Gesundheit eines Familienmitgliedes zusammenhängt? Oder er erhielt vor kurzem eine „schlechte“ Nachricht, die ihn noch immer intensiv beschäftigt und ihn von besserer Präsenz im Hier und Jetzt abhält? Ich weiß es natürlich nicht, aber diese Gedanken meines eigenen Beobachters helfen mir dabei, mich schnell zu beruhigen beziehungsweise gar nicht erst aufzuregen. Denn letztlich weiß ich nicht, was zu diesem Verhalten geführt hat, und warum sollte ich dann diesen Menschen verurteilen?

Das eben Geschilderte gehört zur Erkenntnisarbeit an sich selbst und sollte ständig mit externer Weiterbildung einhergehen. Eine isolierte Betrachtung einzelner Themen - egal ob in unserer Innenwelt oder im Außen – bringt uns nicht weiter, zumindest nicht, wenn wir wirklich etwas „reißen“ wollen in unserem Leben.

Was verstehe ich nun unter nutzbringendem Wissen als Basis für einen erfolgreichen Ausstieg? Damit meine ich selbstverständlich nicht das im Systemauftrag an Schulen und Universitäten vermittelte „Wissen“, sondern jenes, das Du Dir selbst erarbeiten musst. Wobei Du heutzutage klar im Vorteil bist, denn es gibt das Internet, was Deine Informationsbeschaffungs-Reichweite faktisch grenzenlos ausdehnt. Ich gehe selbstverständlich davon aus, dass Du nicht zu jenen Surf-Junkies zählst, die das World Wide Web lediglich als Quelle für seichte Unterhaltung oder zeitraubende Spiele betrachten. Das Internet ist bei dosierter und gezielter Nutzung die bei weitem effektivste Informationsquelle unserer Zeit. Sehr zum Leidwesen der gedruckten Zeitungen und Magazine, die Jahr für Jahr an Auflagenhöhe einbüßen, weil immer mehr Leser zum Internet abwandern.

Im Folgenden nun mein Verständnis von „echtem Wissen“, das sich anzueignen lohnt. Ich schrieb und schreibe hier vom großen Spiel des Lebens, in dem jeder von uns ein winziges Teilchen des Ganzen verkörpert. Aus dieser Weltsicht heraus macht es natürlich Sinn, sich „wissenstechnisch“ von oben nach unten durch unsere Außenwelt zu wühlen. Das heißt wir beginnen stets mit dem Draufblick und beschäftigen uns anschließend mit den wichtigen Details in der Tiefe. Ja, sicher, vielleicht klingt das für Dich einfach und logisch, aber lass Dir versichern, dass es nur wenige Menschen gibt, die das praktisch beherrschen und anwenden.

Hier ein plakatives Beispiel: Stell Dir vor, Du bist ein Frosch! Du sitzt satt auf einem Seerosenblatt Deines kleinen heimatlichen Teiches und quakst vor Dich hin. Gemeinsam mit den vielen anderen Fröschen Deiner „Community“. Alles schaut auf den ersten Blick aus wie eine Idylle. Aber siehst Du den Adler weit über Deinem Kopf? Dieser elegante Greifvogel besitzt ein besonderes Privileg: er kann sich in die Lüfte erheben und sich somit Überblick und auch Abstand zu den irdischen Dingen verschaffen! Von dort oben sieht der elegante Greifvogel möglicherweise einen fast leeren und durch starken Bewuchs viel geschützteren See ganz in der Nähe Deines heimischen Tümpels, der Dir aber verborgen bleibt, da Du einen zu kleinen Aktionsradius besitzt und zudem von den „lieben Nachbarn“ den ganzen Tag „zugequakt“ sprich beschäftigt wirst, was Dich von neuen Abenteuern ablenkt…

Nimm also so oft es geht – vor allem vor wichtigen Entscheidungen – zunächst die Adlerperspektive ein! Wie nimmst Du von so hoch oben unser gesellschaftliches und Dein persönliches Leben wahr? Siehst Du eine komplexe Welt voller Chancen oder eher eine (ver)komplizierte Welt voller Einschränkungen? Siehst Du Dich als Macher, als Mensch der Tat, oder eher als Opfer widriger Umstände? Hier geht es übrigens nicht um Bewertungen, also um die Einteilung aller Themen in fixe Kategorien wie gut und schlecht oder schwarz und weiß. Es zählt allein die Akzeptanz dessen, was genau jetzt in Deinem Leben ist, denn das ist die materielle Qualität, in der wir gerade existieren. Und unsere Welt ist weder schwarz noch weiß, sie ist einfach bunt! Als integraler Bestandteil von Mutter Erde haben wir dieser natürlichen Buntheit noch unseren eigenen Stempel aufgedrückt, denn schließlich sind wir menschlichen Wesen mit einem beachtlichen Kreativitätspotenzial ausgestattet. Dieses Potential wird seit vielen Jahrzehnten dazu entfaltet, um die wissenschaftlich-technische Entwicklung global immer schneller voranzutreiben, weshalb ich unsere derzeitige Existenzform als „Höher-schneller-weiter-Gesellschaft“ bezeichne. Mit all den sicht- und spürbaren Belastungen für unsere natürliche Umwelt.

Damit sind wir bei einem ersten wichtigen Meilenstein, auch für Deine persönliche Weiterbildung. Du solltest auf jeden Fall wissen, warum das so ist, warum wir also in die Rolle des „Homo Ökonomicus“ gepresst werden. Denn nur dann kannst Du bewusst entscheiden, in wie weit Du noch ein Teil dieser auch rein mathematisch an seine Grenzen stoßenden und ökologisch bedenklichen Entwicklung sein möchtest! Es folgt also ein Crashkurs in Ökonomie und Finanzen, der Dir das Wesentliche offenbart und Dir zugleich exorbitante Studiengebühren erspart.

Alles, was gegen die Natur ist,
hat auf die Dauer keinen Bestand.
Charles Darwin

Wachsen um jeden Preis?

Der Volksmund sagt, Bäume wachsen nicht in den Himmel. Das klingt plausibel und ist es auch, denn schließlich hat in unserer materiellen Welt alles einen Anfang und ein Ende. Ökonomen haben dies auch graphisch im so genannten „Lebenszyklus-Modell" zusammengefasst. Jenes bezieht sich zwar vorrangig auf die Vermarktung und Lebensdauer von Produkten, kann jedoch als anschauliche Blaupause für alle anderen Wachstumsprozesse dienen. Demnach „erobert" ein neues Produkt direkt nach Markteinführung nur einen sehr kleinen Marktanteil, seine Verkaufszahlen wachsen also zuerst langsam an, werden aber bald durch die frühen Adapter erhöht. So werden jene aufgeschlossenen Zeitgenossen genannt, die stets den „Finger in den Wind halten" und hinsichtlich dem Erscheinen neuer – vor allem technischer – Produkte immer auf dem Laufenden sind und oft zu den ersten Käufern zählen. Mit wachsenden Verkaufszahlen und der Produzentenwerbung erhöht sich zugleich die Medienpräsenz, was den Massenmarkt triggert und somit die Absatzzahlen steil nach oben zieht. Genau solange, bis das Produkt etabliert und die Nachfrage gesättigt ist. Damit ist der Höhepunkt der Absatzkurve erreicht und danach geht es nur noch bergab, mal langsamer, mal schneller. Am Ende steht der Produktions-Stopp, da es irgendwann schlicht keine Nachfrage mehr gibt, meist, weil ein neues, noch leistungsstärkeres Produkt im betreffenden Marktsegment diese Nachfrage auf sich zieht. Charttechnisch schaut das dann wie eine so genannte „Glockenkurve" aus.

Um Dir zu zeigen, dass diese Glockenkurve im Grunde überall auftaucht, stelle Dir mal einen Baum vor! Zunächst ist da nur ein Mini-Ableger oder auch nur eine einzige Eichel, die in fruchtbare Erde gelangt und dort im Zusammenwirken mit Sonne und Regen die nötigen Bedingungen für Wachstum findet. Anfänglich entfaltet sich der Sprössling sehr langsam, dann als Bäumchen immer schneller und schließlich schießt er regelrecht in die Höhe. Bis, ja bis das Potenzial ausgereizt und die „Gipfelhöhe" für seine Spezies erreicht ist. Jetzt findet Wachstum nur noch in der Breite des Stammes statt, was uns vielleicht an uns Erwachsende erinnert, die oft ihre ausschweifenden Essgewohnheiten auch nach dem Ende der Pubertät beibehalten...schmunzel, schmunzel. Nach und nach brechen alte, ausgetrocknete Äste ab. Der Stamm verliert Rinde oder wird durch Parasiten abgetragen. Und selbst, wenn unser Baum von einem Blitzeinschlag verschont bleibt, muss er doch irgendwann einknicken oder vermodern, um neuem Leben Platz zu machen.

Wie oft hast Du schon in Nachrichtensendungen oder sonstigen Experten-Verlautbarungen vernommen, wirtschaftliches Wachstum wäre die Lösung all unserer gesellschaftlichen Probleme und der Freifahrtschein für ewigen Wohlstand? Ganz sicher regelmäßig, so Du Dich noch in den Massenmedien informierst. Die einfache Wahrheit ist, dass diese Wachstumsstory eine Illusion ist, lediglich das Wunschdenken herrschender Eliten, um „einfache" Menschen wie Dich und mich vom Selbstdenken und eigenverantwortlichem Handeln abzuhalten! Den Beweis liefert Dir die „politisch korrekte" und unbestechliche Mathematik: Wenn von Politikern ständig ein beispielsweise zweiprozentiges Wachstum pro Jahr gepredigt und beschworen wird als notwendige Bedingung für das reibungslose Weiterfunktionieren unserer „Höher-schneller-weiter-Gesellschaft", klingt das durchaus plausibel. Suche Dir jedoch im Internet ein Programm zur Darstellung von Kurven und gebe dort zwei Prozent Steigerung pro Jahr auf den Vorjahreswert ein! Dann schaue Dir nicht den Jahreschart an, sondern unbedingt den 30-und 50-Jahreschart! Du wirst sofort sehen, dass Du nicht eine lineare, sondern eine Exponentialfunktion betrachtest. Das sieht dann aus wie die vorhin skizzierte Glockenkurve mit Sofortabbruch an der Spitze, also kurz vor Marktsättigung! Oder wie die Lebenskurve eines Baumes, der auf dem Höhepunkt seines Wachstums von einem gewaltigen Blitz getroffen wurde und nur noch austrocknet...

Selbst, wenn Du ausschließlich dieses Bild verstehst, sollte Dir bereits klar werden, dass Du schlicht belogen wirst durch die offiziellen Quellen. Da Du nun weißt, dass es eher früher als später einen Abbruch dieses Szenarios geben muss, wäre es doch klug, sich mental und physisch darauf vorzubereiten, oder? Es sei denn, Du gehst jetzt immer noch davon aus, dass ein „plötzlicher“ Zusammenbruch unseres heiß gelaufenen Wirtschafts- und Finanzsystems zeitig genug durch die Massenmedien angekündigt wird. Siehst Du mich schmunzeln?

Um die Dringlichkeit dieses Wissens für Deine eigene Lebensplanung nochmals hervorzuheben, konfrontiere ich Dich noch mit der eigentlichen Ursache des beschriebenen Wachstumszwangs. Jene liegt in der Konstruktion unseres Finanzsystems verborgen. Hier stoße ich Dich erneut auf einen Chart: sieh Dir bitte mal die Leitzinskurve über die letzten 30 Jahre an! Was wirst Du dort sehen? Eine Kurve, die ganz systematisch absteigt. Die Zinsen sind seit einigen Jahren in allen großen Volkswirtschaften auf einem Tiefpunkt angelangt und vielleicht hast Du inzwischen selbst erfahren, dass einige Banken in Europa längst so genannte „Negativzinsen“ für Spareinlagen berechnen? Und hier wieder eine simple Frage an Dich: Warum wurden über diese lange Periode die Zinsen auf das Null-Niveau gesenkt, wenn doch unser Wirtschaftswachstum ungebrochen florierte? Niedrige Zinsen werden logischerweise immer dann den Konsumenten und Investoren angeboten, wenn die Wirtschaft, also der Produktabsatz lahmt. Aber es passierte genau das Gegenteil. Fällt Dir wieder etwas auf? Genau, die offizielle Wachstumspropaganda kaschiert mehr oder weniger elegant den Krisenmodus, in dem sich unsere „moderne“ Welt längst befindet.

Jetzt folgt zu dieser Thematik noch eine gute Nachricht: anhaltendes Wachstum gibt es dennoch, nur nicht dort, wo es die „Wirtschaftsexperten“ suchen. DU selbst darfst nämlich wachsen – jeden Tag Deines Lebens! Indem Du lernst, Dich also weiterbildest, achtsam durch Deinen Alltag wandelst, neugierig und bewertungsfrei beobachtest, also so, wie es Kinder bis zu ihrem sechsten Lebensjahr tun, bevor die von außen aufgesetzten Konditionierungen greifen. Ich schreibe hier über inneres Wachstum, das de facto keine Grenzen wie unsere materielle Welt kennt. Soweit verständlich?

Wer die Freiheit aufgibt,
um Sicherheit zu gewinnen,
wird am Ende beides verlieren.
Benjamin Franklin

Sicheres Geld?

Eigentlich ist es ein „alter Hut"…eigentlich. Aber ich bringe ihn hier dennoch, nur für den Fall, dass Du das mit dem Geldsystem immer noch nicht realisiert hast. Ich kenne übrigens etliche Menschen, die glauben, finanzielle Bildung sei nur etwas für Banker oder Investment-Experten und viel zu langweilig, um sich intensiver damit zu beschäftigen. Ihre derart geäußerte Einstellung korrespondiert allerdings keineswegs mit ihren ebenfalls abgesonderten Wünschen und Zielen nach Erlangung finanzieller Unabhängigkeit. Wie dem auch sei, hiermit befreie ich Dich von einer weiteren Illusion, nämlich jener der Sicherheit! Diese Anforderung geht stets einher mit dem menschlichen Bestreben, Geld für später zu akkumulieren. Aus meinem praktischen Erleben heraus weiß ich, dass es die „klassischen" Anleger in den allermeisten Fällen vorziehen, ihr Geld vermeintlich sicher anzulegen, statt die Chance auf mehr Ertrag bei höherem Risiko zu nutzen. Fast immer ist hier die Angst, etwas zu verlieren, größer als das Bestreben, mehr zu gewinnen!

Hier nun eine Wiederholung aus meinem Buch „Vom System-Opfer zum Wohltäter", da ich diesen Punkt für so wichtig halte und ich zudem kein besseres Bild für unseren Status Quo zeichnen kann: Seit ziemlich genau dem Beginn des neuen Jahrtausends stehen wir vor einer Situation, deren Dynamik und Dimension selbst erfahrene Ökonomen staunen lässt. Sie nennen es Finanz- oder Überschuldungskrise. Aus der Adlerperspektive betrachtet ist es jedoch eine Systemkrise, ein gesamtgesellschaftlich relevantes Ereignis, da der „Rohstoff" Geld das Schmiermittel jedweden Waren- und Leistungsaustausches ist. Dieses Schmiermittel gewährleistet normalerweise einen reibungslosen Lauf des Wirtschaftsmotors. Und das nicht erst seit ein paar Jahrzehnten, wie ein altes deutsches Volkslied offenbart: „Taler, Taler, du musst wandern, von der einen Hand zur ander´n. Das ist schön, das ist schön, Taler lass dich nur nicht seh´n!"

In diesem Kinderlied wird anschaulich besungen, dass Geld eben ein Umlaufmittel und kein „Hortungs-Gut“ ist! Seine Kernfunktion ist die des allseits anerkannten Tauschmittels gegen jene Dinge, die wir tatsächlich benötigen: Lebensmittel, Kleidung und ein Dach über dem Kopf. Unser Wirtschaftsmotor läuft mit zunehmender Globalisierung dauerhaft unter Volllast. Damit er nicht zu heiß läuft oder gar verschleißt, wird von den Notenbanken dieser Erde Öl sprich Geld nachgefüllt. Zu viel, so dass der Motor als unser Synonym für die produzierende Realwirtschaft im Schmiermittel regelrecht ertrinkt!

Die so bezeichnete, jedoch nichts produzierende Finanzindustrie als lenkender Teil des großen Spiels schöpft virtuelles Geld in nie da gewesenen Mengen und zerstört dadurch systematisch die Tauschkraft dessen, was wir für Geld halten. Hinzu kommen die mathematisch gnadenlos wirkenden Zins- und Zinseszins-Forderungen durch die Geldverleiher, die mittelfristig alle Staatsfinanzen – und nicht nur die - in eine irreparable Schieflage lanciert. Der viel zitierte „Otto Normalverbraucher“ weiß nicht, was hinter den Kulissen der Geld-und Zinsschöpfer abläuft. Er registriert jedoch bei seinen Einkäufen, dass - mit Ausnahme von moderner Kommunikationstechnik aus Südostasien - alle lebenswichtigen Dinge Jahr für Jahr teurer werden. Vorrangig also Lebensmittel und Energiekosten. Hast Du Dir selbst einmal die Mühe gemacht und Quittungen verglichen? Solche aus D-Mark-Zeiten mit Euro-Belegen oder Preise kurz nach der Einführung der europäischen Einheitswährung mit jenen von heute? Um das Ergebnis der prozentualen Verteuerung seither zu ermitteln, bedarf es keines wirtschaftswissenschaftlichen Studiums, sondern lediglich eines Taschenrechners.

Er war ein solcher aufmerksamer Grübler, ein Sandkorn sah er immer eher als ein Haus.
Georg Christoph Lichtenberg

Ein perfekter Lehrer

Unser Finanzsystem erscheint zwar komplex, kompliziert jedoch ist es beileibe nicht. Nur ist es wie beim legendären Monopoly-Brettspiel: wenn Du dessen Regeln nicht wirklich begriffen hast, brauchst Du viel mehr Glück als Verstand, um einmal zu gewinnen. Du kennst das legendäre Spiel? Gut, dann lass uns in Gedanken eine Runde spielen!

Stell Dir also vor, Du sitzt gut gelaunt mit drei Bekannten am Tisch und freust Dich über Dein Startspielgeld – nennen wir es „Euronen" -, das Du von der Bank zugeteilt bekommst. Nehmen wir an, Du verkörperst in dieser ersten Runde das, was bei den Banken, Sparkassen, Volks- und Raiffeisenbanken in Deutschland als „konservativer Anleger" tituliert wird. Damit wird landläufig jemand kategorisiert, der Sicherheit und fixe Zinserträge einer potenziell höheren Rendite vorzieht. Sei das Motiv dafür nun allgemeine Verlustangst oder der fehlende Mut, (mit)unternehmerisch sprich eigenverantwortlich zu handeln – dieser Anlegertyp gilt als vorsichtig und skeptisch.

Während Deine Spielpartner emsig und konsequent investieren und jede frei verfügbare Straße oder die Bahnhöfe aufkaufen, erfreust Du Dich zunächst an Deinem hohen Bargeldbestand, der zudem noch anschwillt, weil Du zügig Deine Runden drehst, komplett fixiert auf das Passieren des Los-Feldes und die damit verbundene Belohnung in Höhe von 4.000 Euronen. Dein Wohlgefühl währt exakt solange, bis Du das erste Mal vermeintlich vom Würfelglück verlassen wurdest. Du landest in einer Mittelklasse-Gegend, wo bereits ein Haus errichtet wurde, an dessen Eigentümer Du jetzt Miete abdrücken musst. Dumm gelaufen, denkst Du, aber diese Runde habe ich fast geschafft und dann klingelt erneut die Kasse. So wird der gerade entstandene Geldverlust kompensiert. Noch etwas rattert in Deinem Hinterkopf: ich warte auf die „richtige" Gelegenheit, um mir meine Immobilie zu kaufen! Am liebsten hätte ich ja den Opernplatz und vielleicht später noch das Wasserwerk. Aber erst, wenn ich genug Bares habe!

Wie oft im Leben kommt es anders als erwartet. Du bekommst nämlich vom Universum nicht automatisch das, was Du willst, jedoch stets das, was Du tatsächlich brauchst in der jeweiligen Situation! In Deinem Fall ist es eine Lektion: Kurz bevor Du Dich entschlossen hast, endlich zu handeln, landest Du in einer Nobelgasse. Damit nicht genug des Unglücks, denn dort steht sogar schon ein Hotel drauf! In deutlich gedämpfter Stimmung zählst Du Deinen Papierstapel durch und musst ihn zu großen Teilen dem über beide Backen grinsenden Hotelier überreichen...Jetzt reicht es, denkst Du Dir, und beschließt, die nächste freie Straße zu kaufen, um auch endlich Miete zu kassieren. Bei der Analyse des Monopoly-Brettes realisierst Du, dass kaum noch Karten bei der Bank liegen und Du noch mehr als einmal würfeln musst, bis Du in Reichweite einer noch verfügbaren Immobilie bist. Und dann passiert es, das nächste Unglück. Die Würfel bringen Dich erneut auf ein besetztes und schon bebautes Feld. Und Deine restlichen Ersparnisse wechseln den Besitzer...Aus die Maus – Du bist raus!

Na schön, ich verstehe. Nach diesem frustrierenden Erlebnis möchtest Du in eine andere Rolle schlüpfen, richtig? Da hätten wir den „Rendite-orientierten Anleger", der nicht so risikoscheu ist, wie Du es in dem etwas plakativen Beispiel der ersten Monopoly-Runde sein musstest! Besser? Wir werden sehen.

Du bist gut drauf und in Kauflaune. Vom Hörensagen glaubst Du zu wissen, dass Immobilien langfristig eine gute Wertanlage sind. Deshalb bist Du voller Zuversicht, diese Runde zu gewinnen. Die erst beste Gelegenheit nutzt Du zum Straßenkauf in einer preiswerten Gegend. Wenig später legst Du Dir einen Bahnhof zu, denn Menschen reisen viel und müssen dafür zahlen. Dein „Komme-über-Los"-Geld konvertierst Du in eine nächste Straße und schon denkst Du über einen Hauskauf nach. Das steigert schließlich die Mieteinnahmen! Deine Mitspieler handeln zögerlicher und kaufen gezielter ein. Du machst Tempo und alles was an Geld für das Überschreiten des Los-Feldes kommt, geht sofort in Asphalt und Steine... es läuft!

Dein Sammelrausch wird jäh unterbrochen als Du ausgerechnet bei einem Mitspieler auf der Schloßstraße parken musst. Die exorbitante Miete dort kannst Du schlicht nicht aufbringen, weshalb Du gezwungen bist, Dein eigenes Haus in preiswerterer Gegend abzubauen. Kurz danach landest Du erneut in einem teuren Kiez und es ist immer noch zu wenig frisches Bargeld für die anstehende Mietzahlung da. Dir fehlt nicht nur Bares, Du musst jetzt sogar bei der Bank Kredit aufnehmen, um die Mietschuld beim Straßeneigentümer zu begleichen! Da ist es nur ein schwacher Trost für Dich, dass auch zwei andere Mitspieler längst hoch verschuldet gegenüber der Bank sind. Du ahnst schon, wo Deine Rolle hier endet, oder? Genau, im Bankrott. Du bist – ebenso wie zwei andere Konkurrenten – wenig später zahlungsunfähig: das Bargeld ist weg, Häuser abgebaut und alle Straßen mit Krediten der Bank beliehen!

Das einzige, was das Spiel in dieser kritischen Phase noch minimal zur Freude des „Marktführers“ verlängern könnte, wäre eine Ausweitung eurer Kreditlinie bei der Bank. Bei genauerem Hinschauen wird Dir allerdings auffallen, dass unter Beibehaltung der ursprünglichen Spielregeln und mit mathematischer Präzision auch diese finale Geldspritze schnell den Eigentümer wechseln würde. Der „Krösus“ am Tisch erhebt mittlerweile unbezahlbare Mieten für seine Häuser und Hotels und so gingen auch die letzten Immobilien der Mitspieler zeitnah in seine Hände über...

Deine emotionalen Schmerzen sind nun beendet. Ab jetzt wandeln wir wieder auf dem Siegerpfad. Fassen wir zusammen, was uns das Monopoly-Spiel für das Leben im Allgemeinen und zum Thema „Geld“ im Speziellen lehrt:

Fazit 1: Es gibt letztlich immer nur einen Gewinner am Finanz-Spielbrett! Deshalb heißt das Spiel ja auch Monopoly anstatt „Oligopoly“. Ein Oligopol kennzeichnet die Beherrschung eines großen Marktsegmentes durch wenige einflussreiche Anbieter, während das Monopol für eine Exklusivstellung steht.

Fazit 2: Das Geld kommt erst durch die Banken in den Wirtschaftskreislauf! Es ist also heute kein durch menschliche Austauschprozesse natürlich gewachsenes und dezentrales Tauschmittel mehr, sondern wird zentral erzeugt und gesteuert durch so genannte „Notenbanken“.

Fazit 3: Der eigentliche Gewinner des Wettlaufs um Anteile an einen physisch begrenzten Immobilienmarkt - verkörpert durch das Monopoly-Brett - steht schon zu Beginn des Spieles fest: die Bank! Sie verfügt vom Start weg über das Verteilungsmittel Geld und wird später bei Beleihungen von Straßen zum Kreditgeber.

Fazit 4: Jede einseitige Orientierung im „Entweder-oder-Modus“ engt in einer sich rasant verändernden Welt die eigenen Möglichkeiten erheblich ein! Das ausschließliche Halten von Bar- und Buchgeld unterliegt dem Prozess systematischer oder gar abrupter Kaufkraftentwertung, während ein absolutes Übergewicht in Immobilien extrem unflexibel, also immobil macht, wie es das Wort schon ausdrückt. Die ausbalancierte Alternative dazu bezeichne ich als „Sowohl-als-auch-Modus“.

Fazit 5: Eine Indianer-Weisheit empfiehlt: wenn du merkst, du reitest ein totes Pferd, steige ab! Nun ist Monopoly ein Spiel und man kann es mit Freunden auch nur des Spielens wegen spielen, aber für den realen Umgang mit Geld heißt dies: unterlasse beziehungsweise beende finanzielle Ausgaben und Beteiligungen, die Dich in die unkalkulierbare Verschuldung treiben! Du musst ja nicht warten, bis Dein überlastetes Pferd vor Erschöpfung zusammensackt, sondern kannst stattdessen schon absteigen, wenn es strauchelt…

Nun sag bloß, aus Spielen kann man nichts fürs Leben lernen! Übrigens: das Monopoly-Spiel wurde produziert und populär im Verlauf der großen Depression in den USA der dreißiger Jahre des vorigen Jahrhunderts. Aufgrund von Massenarbeitslosigkeit hatten viele Menschen gezwungenermaßen Zeit, einmal spielerisch über Geld nachzudenken, anstatt 40 oder mehr Stunden pro Woche dafür zu arbeiten! Die eigentliche Monopoly-Erfinderin Elizabeth Magie Phillips kopierte damit bereits etliche Jahre zuvor die kapitalistische Geldwirtschaft auf ein Spielbrett. Der Überlieferung nach soll es ihre ursprüngliche Intention gewesen sein, mithilfe dieses Spiels den einfachen Leuten zu zeigen, warum sie mehr und mehr verarmen.

Bei einem so etablierten und beliebten Gesellschaftsspiel ist es förderlich für die eigene Moral, das System zu durchschauen, um sich Erfolgserlebnisse zu verschaffen. Existenziell wichtig hingegen ist dieses Wissen in der täglichen Praxis abseits vom Spieltisch, wenn es um Dein reales Geld geht!

Soweit unser Crashkurs zu den oft gebrauchten, aber wenig verstandenen Schlagwörtern „Wachstum“, „Sicherheit“ und „Geldsystem“. Du kannst und solltest diese Themen vertiefen – sozusagen als eine essentielle Hausaufgabe -, wobei ich Dir ans Herz legen möchte, Dich nicht zu sehr in ein einzelnes Thema festzubeißen. Je tiefer Du nämlich gräbst, desto mehr kannst Du Dich verirren und letztlich das große Bild im Kontext mit Deinem ureigenen Lebensplan aus den Augen verlieren. Nicht nur das: ein zu großer „Aufdeckungsdrang“ vermag Dich unter Umständen eher zu deprimieren statt anzuspornen. Weder Hyperaktivität noch Lethargie bringen Dich voran, sondern nur Überblick und Gelassenheit!

Krankheiten befallen uns nicht aus heiterem Himmel,
sondern entwickeln sich aus täglichen Sünden wider die Natur.
Wenn sich diese gehäuft haben, brechen sie unversehens hervor.
Hippokrates

Es ist der Geist, der sich den Körper baut.
Friedrich Schiller

Tausend Wünsche

Bisher habe ich Deine Aufmerksamkeit auf die ökonomische Komponente unseres modernen Lebens gelenkt. Jedoch kann und will ich ein weiteres, extrem wichtiges Thema nicht unterschlagen: die Gesundheit. Warum? Falls Du aus dem alten Leben wirklich aussteigen willst, dann funktioniert das nur, wenn Du nicht nur finanztechnisch sondern ebenso gesundheitlich fit bist. Nicht umsonst sagt ein Sprichwort, ein Gesunder hat tausend Wünsche, aber ein Kranker nur einen! Und diesen einen Wunsch des Kranken kennst Du, richtig? Natürlich möchte der Kranke wieder gesund werden, sozusagen in seinen natürlichen Normalzustand zurückkommen.

Wie wichtig uns die Gesundheit ist, merken wir leider oft erst dann, wenn es uns richtig schlecht geht. Bis dahin nehmen wir unseren symptomfreien Zustand als selbstverständlich und stopfen alles in uns hinein, was eine kurze Lust verspricht. Spreche ich hier über das Essen? Ja, genau, denn über die orale Energiezufuhr kannst Du am allermeisten für Dich selbst tun!

Vor einigen Jahren habe ich gelesen, dass rund 90 Prozent aller so genannten „Krankheiten" im Darm ihren Ursprung haben. Der Darm ist ein wahres Wunderorgan und beherbergt übrigens mehr Nervenzellen als unser oft überschätztes Gehirn! Hier finden die Stoffwechselprozesse statt, infolgedessen unsere Zellen ihre Nährstoffe erhalten. Theoretisch, denn praktisch machen viel zu viele Zeitgenossen ihren Darm zu einer Müllhalde, wo sich über die Jahre verhärtete Schlacken aus unverdaulicher Nahrung absetzen. Diese nicht ausgeschiedenen „Altlasten" können das Körpergewicht locker um 15 bis 20 Kilogramm erhöhen, was man dann von außen fälschlicherweise als „Bierbauch" oder trefflicher als „Weizenwampe" kategorisiert. Letzteres deshalb, weil das in unserem „täglich Brot" enthaltene Eiweiß namens „Gluten" die Darmzotten verklebt und somit die Aufnahme lebenswichtiger Mineralstoffe in unsere Körperzellen verhindert. Das führt dazu, dass viel zu viele Menschen zwar große Nahrungsmengen zu sich nehmen, sie jedoch davon kein Sättigungsgefühl mehr erfahren. Mittels der Mengenerhöhung von Kalorienträgern wird dann versucht, dieses wohlige Gefühl doch noch herbeizuführen. Was dann kommt ist sonnenklar: die Kleidung wird von Jahr zu Jahr enger, weil körperliches Wachstum nur noch in Breite und Tiefe erfolgt. Deutlich sichtbares Übergewicht ist mittlerweile beinahe gesellschaftlicher Konsens und der füttert sowohl die durchaus nützliche Fitness-und Gewichtsreduktions-Branche auf der einen als auch die überflüssige Fast-Food- und Pharma-Industrie auf der anderen Seite.

Nimm doch jetzt einmal an, meine kurze Darlegung stimmt! Was lässt sich daraus für Dich spontan ableiten? Genau, Deine nächste Hausaufgabe! Wenn auch Du noch nicht auf dem Niveau angelangt bist, ausschließlich von Luft und Liebe beziehungsweise von Lichtenergie leben zu können, musst Du Dich mit dem Thema „Gesunde Ernährung" unbedingt und konsequent auseinandersetzen! Andererseits hast Du keine Chance, dauerhaft auszusteigen, da Du eher früher als später am medizinischen Tropf hängst. Des Öfteren hörte ich Bekannte von persönlicher Freiheit schwärmen, die ja vor allem durch das dicke Bankkonto sichergestellt werden könne. Nun ja, ein großer finanzieller Freiraum ermöglicht tatsächlich ein entspanntes Leben an anderen und möglicherweise schöneren oder friedlicheren Orten dieser Erde. Leider wird dabei die „winzige Kleinigkeit" der eigenverantwortlich gestalteten Gesundheit gern übersehen, weil man der Illusion unterliegt, ausreichend Geld kann alles regeln, auch die Gesundheit. Ok, darunter wird eher die Bezahlung von Ärzten oder medizinischen Einrichtungen verstanden, nicht die mögliche Prävention so genannter „Krankheiten". Dazu schildere ich Dir ein Beispiel.

Da ich mit meiner Familie gern reise, um neue Orte, Menschen und Kulturen hautnah zu erleben, komme ich zwangsläufig mit etlichen „Ausländern" in persönlichen Kontakt. Speziell während unserer Mittelamerika-Aufenthalte kommunizierte und kommuniziere ich oft mit Menschen aus Kanada und den Vereinigten Staaten von Amerika. Für sie sind Länder wie Mexiko, Costa Rica oder Panama beliebte Ruhestandsziele, da man dort ganzjährig ein warmes Klima genießen kann und auch die durchschnittlichen Lebenshaltungskosten erheblich unter jenen ihrer Heimatländer liegen. Es gibt weitere Gründe, die dafür sprechen, seinen Lebensabend in solch schöner und stressfreier Umgebung zu verbringen. Nicht zuletzt sorgt der durch die (sub)tropische Sonne ausgelöste permanente Vitamin-D-Schub für eine natürliche Entspanntheit. Geht man allerdings in die Tiefe, stößt man auf eine für mich nicht nachvollziehbare Denkweise. So traf ich etliche nordamerikanische „Sonnenrentner", die sich ein großzügiges, für ein Rentnerpaar eher überdimensioniertes Haus im Süden bauen ließen, dort für ein paar Jahre lebten und davon schwärmten, mir jedoch anschließend den Grund für ihre demnächst anstehende Rückkehr in den kalten Norden nannten: Krankheit!

Das ist für mich ein trauriger „Witz", und zwar ganz unabhängig davon, dass die Krankenversicherungs- und medizinischen Behandlungskosten in Costa Rica oder Panama günstiger sind als in den USA und Kanada. Wichtiger ist es zu verstehen, dass diese Menschen die Eigenverantwortung für ihre Gesundheit durchgängig an fremde Institutionen abgeben und somit an deren Tropf hängen! Und zwar bis zum Ende. Verstehst Du den Kern der Botschaft? Richtig, Deine akkumulierten Reichtümer sind keinen Cent wert, wenn Du Deine eigene Gesundheit nicht bewusst erhältst! Drastischer ausgedrückt: falls Du Dich ausschließlich auf das Geld fokussierst, verhältst Du Dich wie ein Dilettant! Mein Buch betrachtet den Ausstiegsprozess dynamisch und ganzheitlich und enthält nicht umsonst zahlreiche Hausaufgaben für Dich. Schließlich schrieb ich kein Lexikon mit einem Anspruch auf Vollständigkeit oder einen Ratgeber nach dem Motto „Man nehme…“, sondern ein Inspirationsbuch zu einem durch mich selbst vorgelebten Thema.

Zurück zur eigenverantwortlichen Pflege Deiner Gesundheit. Um die Tragweite dieses Themas noch einmal zu verdeutlichen, stelle Dir doch mal folgende Frage: Angenommen, Du würdest bei der gesunden Ernährung beinahe alles „richtig“ machen – wie das generell geht, dazu komme ich gleich – und Dich dadurch stets energiegeladen und fit fühlen: welche Branchen und Institutionen würden an Dir als „Homo Ökonomicus“ weniger bis gar kein Geld mehr verdienen? Na, dämmert`s? Die Aufzählung ist nicht nur spannend, sondern ebenso umfangreich, wenn auch nicht vollzählig: Dein Supermarkt würde Dir zwar noch regionales Obst anbieten dürfen, die zuckerhaltigen oder gar mit künstlichen Süßstoffen angereicherten „Softgetränke“ hingegen würden im Regal verstauben, weil Du kein unwissender Verbraucher mehr bist. Selbstredend würden auch kein „harter“ Alkohol oder „Glimmstengel“ an Dich verkauft werden, da Du von den legalen Volksdrogen weg bist. Die Bäckerei um die Ecke bliebe auf ihren aufgeblähten Weißmehl-Brötchen sitzen und sieht Dich allerhöchstens noch, falls Du mal eine klassische Geburtstagstorte orderst…wir wollen ja nicht übertreiben, oder doch? Die Arztpraxen hätten weniger gefüllte Warteräume und die Apotheken weniger Rezept-Einlöser. Als Privatpatient erhieltest Du jedes Jahr die maximal mögliche Beitragsrückerstattung. Diverse Abmagerungskuren und monatliche Beiträge für das Fitness-Center könntest Du einsparen, da Du längst über ein optimales Körpergewicht und einen natürlichen Bewegungsdrang verfügst, der Dich freiwillig Treppen steigen lässt anstatt den Fahrstuhl zu benutzen, wann immer Du Gelegenheit dazu hast...

Nun stelle Dir einmal die Effekte vor, wenn nur fünf Prozent der Bevölkerung allein im deutschsprachigen Teil Mitteleuropas so handeln würde! Ich spreche damit von rund fünf Millionen Einwohnern, die einen gesunden Lebensstil pflegen würde. Was meinst Du, würde dann passieren? Ganz richtig, es würde sich sehr viel ändern in unserer verkrusteten Gesellschaftsstruktur. Rein ökonomisch ist das Resultat ebenfalls vorhersehbar, denn fehlende Nachfrage nach Produkten führt zur Drosselung beziehungsweise Beendigung der Herstellung und bei nicht mehr benötigten Dienstleistungen zu einer Ausdünnung der Infrastruktur. Obwohl es vielleicht auf den ersten Blick für Dich nicht so aussieht, erzeugt ein solches Szenario letztlich nur Gewinner! Du bist einer davon und jeder, der es uns gleicht tut, zählt auch dazu. Dein bewusster geführtes Leben hält Dich nicht nur körperlich und mental gesund, sondern es spart Dir eine Menge Geld ein. Unsere Umwelt wird spürbar entlastet, denn weniger Produktion schont unsere begrenzten Ressourcen. Selbst die weniger frequentierten Ärzte und Apotheker gewinnen mehr Lebenszeit für ihre Familie und für die Aneignung alternativen Heilwissens, das die (Dauer-)Patienten nicht verwaltet, sondern sie auf dem Weg zu deren Heilung kompetent begleitet. Wie liest sich diese kleine Vision für Dich?

Zurück in die Gegenwart. Hier folgt eine kleine Liste derjenigen Lebens- und Ernährungsgewohnheiten, die Dich sicher voranbringen auf dem Weg zu einer stabilen Gesundheit und zugleich weg von den so bezeichneten „Zivilisationskrankheiten“. Ich schreibe das hier voller Überzeugung und ohne „meinen Arzt oder Apotheker gefragt zu haben“, die ich übrigens gar nicht habe, weil ich vor langer Zeit damit startete, mich von den Lasten meiner Unwissenheit zu befreien. Heute, mit Ende 50 wiege ich rund 25 Kilogramm weniger als auf dem Höhepunkt meiner „Akkumulationsphase“ und verzeichne keinerlei Allergiesymptome mehr. Mag sein, dass Dich interessiert, wie das funktionieren kann? Hier ist also die Quintessenz zum Thema „Gesundheit & gesunde Ernährung“, ergänzt durch meine Aufforderung und Ermutigung, Dich in Deinem ureigenen Interesse tiefer mit diesen Anregungen zu beschäftigen, sozusagen als nächste Hausaufgabe:

1 - Verzichte unbedingt darauf, Deinen Körper systematisch zu vergiften! Es ist ein offenes Geheimnis und steht in überdimensionierten Buchstaben auf jeder Schachtel, dass Rauchen der Gesundheit schadet und zu einem zeitigeren Ableben führen kann. Frage Dich bitte selbst, warum Du noch an der Zigarette hängst? Ist es möglicherweise selbst erzeugter Stress? Ist es eine besondere Form der Betäubung, um Dich nicht Deiner inneren Stimme stellen zu müssen? Was auch immer Du als Antwort findest, mache Dir bitte klar, dass Du absolut nichts brauchst, was Dich abhängig macht! Vorausgesetzt, Du nimmst Dich selbst ernst beim Thema „Aussteigen".

2 – Das Leben ist auch lebenswert ohne oder zumindest mit sehr wenig Alkohol! Du glaubst wahrscheinlich noch, ohne Dein tägliches Bierchen, Schnäpschen oder Dein Glas Wein geht gar nichts, oder? Nun, dann starte mal einen Test, und zwar gänzlich ohne zeitliche Vorgaben. Probiere aus, wie lange Du es ohne Deine üblichen Trinkgewohnheiten aushältst! Hangele Dich zunächst von Tag zu Tag und beobachte, was es mit Dir tut. Wenn Du Dich zugleich auf Dein neues, unabhängiges Leben fokussierst, wirst Du sehr wahrscheinlich erleben, was ich erlebte: Du vergisst einfach die Gewohnheit, bei jeder passenden oder unpassenden Gelegenheit Alkohol zu verkonsumieren! Irgendwann wirst Du zwangsläufig daran erinnert, wenn Du zum Beispiel zu Gast bei einer Party bist und man mit Dir anstoßen möchte…und dann? Wie sagt der Volksmund so treffend: ein Glas Sekt in Ehren kann niemand verwehren. Ja, dann trink doch ein paar Schlückchen und erfreue Dich an Deiner Selbstbeobachtung, dass Du ganz bewusst nach dem Glas gegriffen hast und nicht das Glas nach Dir! Du musst Dich also nicht geißeln, denn das erzeugt Stress. Um jedoch nicht rückfällig zu werden, ist es angeraten, möglichst lange Deinen Alkohol-Verzichts-Test auszudehnen. Nämlich bis zu jenem Punkt, wo es Dir nichts mehr ausmacht, entspannt „nein" zu sagen, wenn Dir jemand ein alkoholhaltiges Getränk anbietet.

3 - Probier´s mal ohne Brot und Brötchen! Ja, ich weiß, in unserem Kulturkreis gilt Brot – vor allem aus Weizen- und Roggenmehl - als

Grundnahrungsmittel und wir essen es morgens und abends oder auch zwischendurch in allen Varianten. Wie bereits oben mit der „Weizenwampe“ angedeutet geht es vor allem um das Gluten, das Deinen Darm langfristig am reibungslosen Verdauen hindert. Ergo ist es sinnvoll, Weizen & Co wegzulassen oder zumindest extrem zu reduzieren, was im Übrigen auch für die allseits beliebten Hartweizen-Nudeln zutrifft. Bitte bekomme jetzt keine Panik bei der Vorstellung, Du müsstest nunmehr verhungern. Tröste Dich damit, dass es in anspruchsvolleren Supermärkten sehr leckere Backmischungen ohne Gluten gibt, aus denen sich leicht verdauliches und köstliches Brot backen lässt. Aber erkunde einfach selbst, was an glutenfreien Optionen alles für Deinen Geschmack geht!

4 – Im Wasser liegt die Klarheit! Wasser ist ein bedeutsamer Informationsspeicher und ist mit über 70 Prozent das Hauptelement unseres physischen Körpers. Um möglichst nur saubere, perfekt strukturierte Informationen in Deine Zellen zu lassen, trink möglichst gutes Wasser, und zwar ohne Geblubber! Unter gutem Wasser verstehe ich zuallererst artesisches Quellwasser, welches „freiwillig“ an die Oberfläche drängt, nachdem es durch Gestein und Erde gereinigt und in Formation gebracht worden ist. Da ich unterstelle, dass Du nicht unbedingt neben einer solchen Quelle wohnst, kaufst Du also hochwertiges stilles Mineralwasser oder schaffst Dir einen leistungsstarken Wasserfilter an, der das Leitungswasser trinkbar macht. Lass stattdessen zukünftig die bunten Kunst-Mixturen, genannt „Softdrinks“, einfach links liegen. Damit ersparst Du Deinem Körper überflüssige Zuckerflutungen und schonst Deine Bauchspeicheldrüse. Raffinierter Zucker ist eine Droge, die als solche nicht sofort erkannt wird. Sie macht jedoch ebenso abhängig wie „harter Stoff“ und zusätzlich noch dick. Nun könntest Du einwenden, es gibt ja auch Softdrinks mit Zuckerersatzstoffen, die mit „Null Zucker“ massiv beworben werden. Stimmt! Aber weißt Du auch, was dort anstelle von Industriezucker drin ist? Nein? Und trotzdem trinkst Du dieses Gebräu? Ok, wenn Du Dir die Mühe machst, mal das Kleingedruckte auf den Büchsen oder Flaschen zu lesen, so wirst Du Dich verwirren. Die ausgewiesenen Zutaten sind nur teilweise oder nach ausgiebiger Internet-Recherche zu identifizieren. Als Süßstoff fungiert oft Aspartam, ein Stoff, von dem Experten sagen, er sei noch gefährlicher als Rohrzucker!

5 – Kaffee-Dauerpause adé! Gehe ich Dir jetzt zu weit? Mag sein und mir ist bewusst, dass der Entzug von Kaffee oder besser dem Suchtmittel Coffein wie eine Höchststrafe anmutet. Hier kannst Du das gleiche Experiment durchführen wie beim Alkohol: starte einfach mit einem Tag ohne Kaffee. Dann hängst Du den nächsten dran und dann noch einen... Stattdessen steige auf Früchtetee oder Rohkakao um, was tolle Alternativen sind, wie Du bald feststellen wirst, so noch nicht geschehen. Und ja, wenn Du Dir ab und zu ganz bewusst einen Kaffee oder Cappuccino gönnst, kann Dein Körper damit mühelos umgehen. Ganz bewusst meint hier: Du entscheidest und greifst zur Tasse und nicht Dein süchtiger Körper!

6 – Milchkaffee passé! Eine kleine thematische Erweiterung, die eher auf die vermeintlich gesunde Kuhmilch als den bereits erwähnten Kaffee zielt. Es gilt längst als erwiesen, dass das Trinken von Kuhmilch und im weiteren der Verzehr von Käse aus Kuhmilch ein Auslöser für Allergien ist. Aus eigener Erfahrung kann ich dies bestätigen. Das Verstoffwechseln von Kuhmilch benötigt körpereigenes Kalzium, das jenen Menschen, die viel Milch verkonsumieren, beim Substanzerhalt von Knochen und Gelenken zunehmend fehlt. Das Milchtrinken ganz allgemein ist die Ernährungsweise der Neugeborenen. Für Erwachsene – Menschen wie Tiere – ist von der Natur sauberes Wasser als Lebenselixier vorgesehen!

7 – Das Gegenstück von Zucker ist Salz, womit das industriell gefertigte und so genannte „Speisesalz" gemeint ist. Aus diesem Kochsalz werden alle ursprünglichen und wertvollen Naturbestandteile extrahiert und übrig bleibt Natriumchlorid, was als Schnee- und Eistaumittel im Winter auf die Straßen gestreut wird. Schon allein deshalb solltest Du es von Deinem Körper fernhalten. Umso mehr, als es eine wahrlich gute Alternative gibt, nämlich unbehandeltes Steinsalz beziehungsweise das renommierte Himalaya-Salz. Auch hier gilt erneut: beschäftige Dich mit den Details dazu, denn die sind im Internet leicht zu finden!

8 – Meide Fleisch und Fisch! Falls Du immer noch glaubst, Dein Körper bräuchte unbedingt tierisches Eiweiß, um Dich stark zu machen, so lass Dir sagen, dass in Blättern von Wildpflanzen viel mehr Eiweiß steckt, dass von Deinem Körper zudem besser verarbeitet werden kann. Was

Du Dir mit dem Verzehr von Fleisch und Fisch außerdem ersparst, ist die vermehrte Zuführung von Umweltschadstoffen wie Schwermetalle, Impfrückstände oder Todesstress-Hormone aus der Massentierhaltung. Ernährungswissenschaftler meinen, unser Darm ist – im Gegensatz zu jenen von Raubtieren – viel zu lang, um sauber und rückstandsfrei Fleisch zu verdauen. Es gibt inzwischen ausreichend Literatur zu dieser heiß diskutierten Thematik, so dass Du Dich dazu tiefgründiger informieren und klar positionieren kannst. Ich startete im Frühjahr 2008 meinen Selbsttest im Fleischverzicht und der hält bis heute an, verbunden mit einem tollen Körpergefühl. Auf das Fischessen verzichtete ich erst ein paar Jahre später. Mittlerweile „schreit" mein Körper weder nach dem einen noch dem anderen Tierkadaver...

9 – Iss mehr Rohkost! Man braucht kein Ernährungsspezialist zu sein um zu verstehen, dass frisch gepflücktes beziehungsweise geerntetes Obst und Gemüse erheblich mehr Vitamine und Mineralstoffe bringen als industriell verarbeitete und zerkochte Nahrung, oder? Sicher, es macht auch einen Unterschied, ob man vorzugsweise regionale Pflanzenkost genießt oder speziell im Norden unseres Erdballs ganzjährig Südfrüchte essen muss, die oft wochen- oder monatelang transportiert und gelagert worden sind. Ich kenne einige Menschen, die bereits nach wenigen Wochen Umstellung auf überwiegend Rohkostnahrung spannende Veränderungen an sich registrierten. Darunter waren ein reduziertes Müdigkeitsgefühl, ein besseres Hautbild oder sensiblere Geschmacksnerven. Letztere werden besonders dann in Mitleidenschaft gezogen, wenn langfristig nur Gekochtes und Gebratenes in Kombination mit übermäßigem Salzeinsatz auf die Zunge gelangen.

10 – Stress macht krank! Ok, das ist nun wirklich nicht neu für Dich, oder? Theoretisch scheinen dies viele Menschen zu wissen. Andererseits liegt der Stresslevel in unserer modernen Welt höher als je zuvor, glaubt man den Studien und vor allem seinen eigenen Beobachtungen. Die inzwischen häufigsten Todesursachen sind bei uns im Westen demnach Herzinfarkte, Krebs, Unfälle, Lungenkrankheiten und Leberzirrhose und alle werden in direkte Verbindung mit chronischer Überbelastung sprich Stress gebracht. Stress als Dauersymptom einer überdrehten Leistungsgesellschaft entsteht vor allem aus permanenter Überforderung und Versagensängsten als Ergebnis zu hoch geschraubter Erwartungen. Körperliche Anzeichen von einem Zustand in „Daueralarmbereitschaft“ sind vor allem Energielosigkeit, schnelle Ermüdung, Kopf-, Rücken- und Magenschmerzen, Verspannungen sowie (Ein)Schlafprobleme. Für die kurzzeitige Unterdrückung all dieser Symptome bieten Dir Apotheken haufenweise Pillen an. Auf die kannst Du allerdings verzichten, wenn Du Dir eines klar machst: Du allein erzeugst den Stress in Dir, nicht Deine Umwelt! Darum vermagst auch nur Du selbst ihn zu reduzieren beziehungsweise aufzulösen, und zwar vollkommen ohne Drogen von außen. Stress ist im Kern nichts weiter als Deine emotionale Reflexion äußerer Ereignisse. Wenn Du zum Beispiel einen Behördenbrief mit einer aus Deiner Sicht unberechtigten Forderung erhältst, dann kann Dich das durchaus ärgerlich auf den Verfasser machen. Oder Dir ein müdes Lächeln entlocken, weil Dir bewusst ist, dass es sich dabei lediglich um ein automatisiertes Anschreiben handelt, dass an Deine Verwaltungsnummer und nicht an Dich als menschliches Wesen versendet worden ist. Nimmst Du dieses unterschriftslose Papier also nicht persönlich, wirst Du in aller Gelassenheit eine angemessene Antwort finden. Im Zweifelsfall lässt Du es so lange liegen, bis sich der Behörden-Roboter nochmals bei Dir meldet oder er Deine Nummer vergessen hat. Gehe stattdessen lieber – am besten ohne Handy und Ohrenstöpsel – vor die Haustür und spaziere eine Stunde an der frischen Luft, wo Du zudem noch das lebenswichtige „Sonnenvitamin D“ tankst! Erfreue Dich einfach am Dasein und erinnere Dich bitte an meine Ausführungen zur mentalen „Soforthilfe“: mache Dir immer wieder klar, dass es für uns Erdbesucher letztlich um nichts weiter geht, als diverse Erfahrungen in der Materialität zu sammeln! Man kann es auch plakativer ausdrücken, so wie ich es vor einiger Zeit auf einem T-Shirt gelesen habe: Entspanne Dich, denn nichts ist unter Kontrolle! Weder für Dich, noch für die vermeintlich Großen dieser Erde.

Diese Kurzübersicht ist sicher nicht vollständig. Sie reicht jedoch aus für einen erfolgversprechenden Start in Dein neues, gesundheitsbewusstes Leben abseits vom Mainstream. Letztlich würdest Du Deinen Energielevel schon deutlich erhöhen, wenn Du allein die Zivilisationsdrogen Tabak, Alkohol, Kaffee, Rohrzucker, Kochsalz sowie Fleisch und Fisch Schritt für Schritt und konsequent aus Deinem Alltag verbannst, ohne zugleich komplett auf Rohkost umzusteigen.

In Ergänzung zu diesen zehn Punkten lenke ich nun Deine Aufmerksamkeit erneut zum Darm. Dieses Wunderorgan vermag nur dann einwandfrei zu funktionieren, wenn es sauber ist. Und ganz egal, wie Du es anstellst: reinige Deinen Darm! Das geht von beiden Seiten: entweder über das so genannte „Colon-Hydro“-Verfahren oder eine oral verabreichte Darmreinigung, die ich beispielsweise jedes Frühjahr mache. Beide Verfahren lassen sich auch gut kombinieren. Du wirst staunen, wieviel Ballast Du schon seit Jahren oder Jahrzehnten mit Dir herumschleppst. Studien zufolge können sich im Darmtrakt bis zu 20 Kilogramm Schlacken festsetzen! Unglaublich, oder? Zumindest bis zu jenem Tag, an dem Du bei einer Colon-Hydro-Therapeutin „am Schlauch steckst“ und in der abführenden Glasröhre beobachtest, wie – gelöst durch die Darmspülungen - zahlreiche harte Speisereste aus Deinem Unterbauch als Beleg Deiner früheren Ernährungsgewohnheiten vorbeischwimmen…

Selbst meine euphemistische Umschreibung dieser Darmreinigungs-Prozedur mag etwas unappetitlich auf Dich wirken. Mir geht es aber darum, dieses Thema ernst zu nehmen. Denn falls Du es ignorierst, ist Übergewicht noch Dein kleinstes Problem. Schlimmer wird es dann später, wenn Dir irgendein Arzt, den Du wegen ständiger Bauchschmerzen besuchst, eine OP als unvermeidlich attestiert, um Deine Leiden zu lindern. Und ganz ehrlich – willst Du wirklich unter´s Messer? Und dies nur, weil Du jahrelang die sicht- und spürbaren Signale Deines Körpers ignoriert hast?

Im Zusammenhang mit dem Thema „Gesund leben“ habe ich noch zwei Fragen für Dich:
1 – Wie alt möchtest Du wie werden?
2 – Warum möchtest Du so alt werden?

Habe ich Dich jetzt verwirrt? Vor allem mit der zweiten Frage? Gut, dann lass Dir den Hintergrund für meine Fragen erklären. Bei der Beantwortung der ersten Frage orientieren wir uns gern an anderen Familienmitgliedern, was dann motivierend ist, wenn jene beispielsweise 90 Jahre lang über unsere Mutter Erde wandelten. Und dies am besten körperlich aktiv und guten Mutes, richtig?

Was jedoch, wenn das frühzeitige Ableben einiger Verwandter ein Teil Deiner Familienchronik ist? Mit frühzeitig meine ich das Erreichen des so genannten „gesetzlichen Renteneintrittsalters“ oder sogar früher! Im schlimmsten Fall nach jahrelangem Dahinsiechen als Pflegepatient. Leider treffen wir im Alltag zunehmend auf solch traurige Geschichten aus dem persönlichen Umfeld und das hinterlässt natürlich Spuren in unserer Wahrnehmung und Vorstellungskraft.

Was kannst Du Dir denn heute als eigenes Höchstalter vorstellen? Ach so, Du glaubst vielleicht noch, Du könntest Dein Lebensalter nicht beeinflussen? Nun, dann warte noch mit der Beantwortung dieser Frage für Dich selbst und lass die gute Botschaft auf Dich wirken, dass Du sehr wohl Einfluss auf Dein Lebensalter ausüben kannst! Auch das ist längst wissenschaftlich bewiesen. Über Jahrzehnte andauernde Forschungen bekamen Biophysiker nämlich das Folgende heraus: Unsere so genannte „DNA“ (Desoxyribonukleinsäure) ist bekanntlich der Träger unserer Erbinformationen, also die materielle Grundlage der so genannten „Gene“, die nach landläufiger, aber inzwischen überholter Meinung unser Lebensschicksal vorherbestimmen. Sicherlich hast Du schon einmal den Ausspruch gehört, das läge in den Genen begründet, oder? Meist wird so etwas abgesondert, wenn jemand eine scheinbar plausible Erklärung für ein von ihm tapfer erduldetes Krankheitssymptom hat. Eigentlich möchte er damit etwas anderes ausdrücken, nämlich: da kann ich leider gar nichts tun, denn es liegt in den Genen unserer Familie! Tatsächlich? Falls Du das auch noch glaubst, blättere bitte ein paar Seiten in meinem Buch zurück. Bis dahin, wo Du das Beispiel mit der Anfertigung des Tisches findest. Wie dort an diesem simplen Beispiel erläutert, bestimmt unser Bewusstsein das Sein. Ja, es gibt natürlich eine permanente Wechselwirkung zwischen dem Innen und dem Außen über den Austausch auf der Informationsebene, aber wenn Du Dir dessen bewusst bist, dann erschafft Dein fokussiertes Bewusstsein ein entsprechend starkes und positives Informationsfeld, das über die energetische Ebene Deine materielle Realität in die von Dir gewünschte Richtung verändert. Da also in den Genen Erbinformationen stecken, können auch diese IN eine neue FORMATION gebracht werden! Das genau meint und tut das oft gebrauchte Wort „Information“.

Wie fühlt sich der Gedanke an, Herrscher über Deine Gene sein zu können? Siehst Du mich schmunzeln? Ja, das tue ich, auch weil ich nun auf die zweite Frage, jene nach Deinem „WARUM alt werden?“ eingehe. Was zunächst durchaus befremdlich anmuten kann, wird sich gleich als logisch entpuppen. Die Antwort hat nämlich mit Deinem Lebensplan zu tun. Falls es Dein Ziel ist, dem aktuell noch gängigen Muster zu folgen, also nach Schule und Studium rund 45 Jahre – meist für andere – zu arbeiten und infolge des „Nichtmehrgebrauchtwerdens“ in der High-Speed-Arbeitswelt nach Jahren des Herumquälens mit vielen weit verbreiteten Wehwehchen als Frührentner das Zeitliche zu segnen, so nenne ich das keinen Plan! Du findest das zu provokant? Mag sein. Die Alternative allerdings verlangt dann reichlich Fantasie. Es gilt nämlich als erwiesen, dass wir Menschen bei entsprechender Lebensweise kaum vorstellbare 120 oder sogar 140 Jahre alt werden können! Vermagst Du Dir das überhaupt nur vorzustellen? Falls ja, dann verstehst Du meine Frage wahrscheinlich viel besser. Für plus 40 oder 50 mehr gute Lebensjahre als der Durchschnitt brauchst Du einen Plan, und zwar einen, der weit über Dein Ego und die bisherigen Glaubenssätze hinausgeht! Einverstanden?

Eine weitere kleine Vision gefällig? Gut, dann schließe für einen Moment die Augen und sieh Dich selbst mit „erst“ 90 Jahren! Du hast heute Geburtstag und bist von Deiner Familie samt Urenkeln und Ururenkeln sowie engen Freunden umgeben. Es ist ein herrlicher Sommertag und ihr sitzt bunt gekleidet in einem Landgasthof draußen im Schatten alter Laubbäume an einer riesigen Tafel zusammen. Dort türmen sich keine Fleischberge auf Tellern und auch der Alkohol fließt nicht in Strömen. Dafür werden jede Menge leckere vegetarische Gerichte und Rohkostspeisen sowie frisch gepresste Obst- und Gemüsesäfte serviert. Und nein, es wird weder über neu attestierte Krankheitssymptome nach Arztbesuchen oder Sterbefälle bei Nachbarn berichtet, noch über die große Weltpolitik oder Fußballergebnisse diskutiert. Stattdessen plaudert ihr über eure eigenen Erlebnisse und nützliche Erkenntnisse aus dem Zusammentreffen mit gleichgesinnten Menschen. Du als Geburtstags“kind“ erzählst von

Deinem jüngsten Abenteuerurlaub im Südamerikanischen Feuerland und schwärmst bereits heute von Deiner bevorstehenden Klettertour zu einem fünftausendvierhundert Meter hoch gelegenen Basislager auf dem Weg zum Mount Everest. Deine Ururenkel machen während Deiner Ausführungen riesige Kulleraugen, die eine Mischung aus Unglauben und Bewunderung ausdrücken, und währenddessen lassen sie sogar ihre stets präsenten Minicomputer für eine Weile links liegen. Als wenn das noch nicht spannend genug wäre, erzählst Du später noch von den Fortschritten in der durch Dich initiierten Stiftung zur Arterhaltung von Wildkatzen in den durch eure gemeinnützige Organisation verwalteten Wiederaufforstungsgebieten in Asien und Amerika…

Und? Konntest Du Dich im reiferen Alter sehen? War etwas dabei für Dich aus meinem Imaginations-Pool? Lass es mich bewusst überzeichnet einmal so ausdrücken: Du hast bei einem vollen Lebensplan, der deutlich über Deine materiellen Eigeninteressen hinausreicht und zugleich Deine engere und weitere Umgebung unterstützt, gar keine Zeit zum frühen Sterben! Es liegt allein an Dir, was Du mit der Dir zur Verfügung stehenden Lebenszeit anstellst. Du kannst und solltest Deine Zukunft selbst programmieren. Jeden Tag!

Die größte Entscheidung deines Lebens liegt darin,
dass du dein Leben ändern kannst,
indem du deine Geisteshaltung änderst.
Albert Schweitzer

Wer ist der Boss?

Wusstest Du, dass fortschrittliche Quantenphysiker und Neurobiologen schon vor etlichen Jahren mittels tausender Tests an freiwilligen Probanden herausfanden, wie unser Gehirn funktioniert und warum die Qualität der dortigen Verschaltungen zur Übertragung der biochemischen Botenstoffe – so genannte Neurotransmitter – maßgeblich darüber entscheiden, in welcher Zeit wir leben? In Kombination mit den Nervenzellen unseres Darmes, wo unsere emotionalen Erinnerungen gespeichert werden, entsteht der jeweilige Status Quo jedes Menschen. Als Zusammenfassung dieser Forschungen zu den neuronalen Wechselwirkungen im menschlichen Körper kam heraus, dass die absolute Mehrheit der Menschheit in der Vergangenheit lebt. Ja, die meisten von uns sind fremd gesteuerte „Roboter", unbewusste Energielieferanten für die Initiatoren des großen Spiels und funktionieren wie der Hauptdarsteller in dem bekannten Film „Und täglich grüßt das Murmeltier"!

Wie stellt sich das für Dich dar oder anders ausgedrückt: woran kannst Du erkennen, ob auch Du möglicherweise ein „humanoider Roboter" bist, der täglich unbewusst in Wiederholungsschleifen existiert? Gehe doch einmal im Geiste Deinen gewöhnlichen Tagesablauf durch und beobachte Dich intensiv selbst, um eine ehrliche und somit hilfreiche Antwort für Dich selbst zu finden! Wie läuft also Dein Tag ab? Vielleicht so: Du lässt Dich nach einer mehr oder weniger kurzen Nacht von einem mehr oder weniger stressigen Signal wecken, torkelst ins Bad und tust das, was Du jeden Morgen tust, und dies ohne nachzudenken. In der Küche folgen die gewohnten Griffe zum frisch gebrühten Kaffee, den Du als „Muntermacher" zu brauchen glaubst, und möglicherweise auch zu Deinem Mobiltelefon, dem allgegenwärtigen Ablenker und Entertainer in unserer „modernen" Welt. Mit Deinem bevorzugten Verkehrsmittel fährst Du anschließend zu Deinem mehr oder weniger gemochten Arbeitsplatz und triffst dort die Leute, die Du immer triffst, natürlich oft auch in der knappen Freizeit, die Du Dir gönnst, weil Du ja eigentlich niemals Zeit hast. Zwischendurch immer wieder der Blick zum Handy, um nur nichts zu verpassen, denn Du möchtest schließlich permanent im Bilde und Teil Deiner gewohnten Community bleiben. Die drei oder vier Wochen Jahresurlaub verbringst Du mit organisierten Pauschalreisen irgendwo im Süden, möglichst an Orten, die du schon kennst und wo alles so bequem ist, da selbst das Hotelpersonal Deine Muttersprache spricht...Wow, und das nennst Du LEBEN!?

Schon gut, das habe ich bewusst etwas provokant beschrieben und es mag sein, das nicht alles auf Deine Situation zutrifft. Aber vielleicht bist Du ja selbstkritisch genug, um doch zu erkennen, wo und wie tief auch Du noch täglich körperlich und mental in der Vergangenheit steckst, also in jener Sphäre, die Du kennst, in der Du Dich – trotz aller unterdrückten

Wünsche und Sehnsüchte – wohl und sicher fühlst? Um es noch einmal klarzustellen: es geht mir nicht um Bewertungen oder Verurteilungen, denn Du darfst natürlich Deine begrenzte Lebenszeit so verbringen, wie Du es möchtest. Meine Frage an Dich lautet: lebst Du heute das Leben, das Du wirklich leben möchtest? Falls nicht, so folgt die einfache Frage: warum nicht? Könnte es sein, dass Dir schlicht der Mut dazu fehlt, Dir das ersehnte Leben auch nur vorstellen, geschweige denn realisieren zu können? Oder ist Dir gar das bekannte Einerlei ausreichend, um Dich irgendwie durchzuschlängeln, wie es eben viele tun?

Wie wäre es hiermit? Du baust schrittweise neue Verhaltensweisen in Deinen Alltag ein, die systematisch die bisherigen Muster ablösen! So kaufst Du einfach mal andere Sachen ein, also verzichtest beispielsweise für eine Woche – sozusagen als Selbsttest – mal auf Kaffee und Fleischprodukte, nur um mal zu spüren, was es mit Dir tut! Falls Du dies nicht aushältst und Dein Körper nach dem altbekannten Programm schreit, bist Du noch abhängig und Dein Körper ist nicht die intakte Hülle von Geist und Seele, sondern der heimliche Boss! Und der zieht Dich sozusagen im „Autopilot-Modus“ immer wieder in die Vergangenheit zurück, solange Du dies zulässt.

Um Dir diese Konstellation behutsamer bewusst zu machen, kannst Du auch eine Stufe niedriger starten. Presst Du Dir zum Beispiel gern mal morgens eine Zitrone oder Orange aus, so wechsle dabei einfach mal die Hand, also von Deiner starken Führungshand auf die „schwache“, weil weniger benutzte! Abgesehen davon, dass dies Deine Koordination für die zweite Hand verbessert und ihre Lymphtätigkeit anregt, wirst Du sehr schnell bemerken, dass Du präsenter bist, also in der Gegenwart handelst, weil Du Dich auf eine neue Herausforderung konzentrieren musst! Falls Du dabei gedanklich abschweifst ist ein „Unfall“ vorprogrammiert, wenn Du verstehst, was ich meine. Kurz und gut: Baue jeden Tag ungewohnte Handlungen – egal wie vermeintlich unbedeutend – in Deine Abläufe ein und steigere so Deine Präsenz in der Gegenwart. Biochemisch passiert dann das Folgende: die Synapsen in Deinem Gehirn bilden neue Vernetzungen und die Botenstoffe verändern ihre gewohnten Wege, um Deine Gehirn-Kapazität zu erweitern! Das ist großartig und eine der besten

Voraussetzungen, um solche Erscheinungen wie Demenz und Alzheimer zu vermeiden.

Die reinste Form des Wahnsinns ist es,
alles beim Alten zu lassen und gleichzeitig zu hoffen,
dass sich etwas ändert.
Albert Einstein

Ganzheitliches Entschlacken

Gibt es auch negative Nebenwirkungen bei diesem Veränderungsprozess? Dazu ein klares „Jein"! Der Nein-Anteil kommt nur dann zur Wirkung, wenn Du um jeden Preis Dein bisheriges soziales Umfeld behalten willst. Wie meine ich das? Stell Dir Folgendes vor: Mit Deinen besten Freunden bist Du bisher jedes Wochenende um die Häuser gezogen, sozusagen gependelt zwischen Fast-Food-Restaurant und Sports-Bar. Ihr hattet Spaß und habt euch bei Steak und Bier von den laufenden Musik-Programmen an den überall präsenten Großbildschirmen berieseln lassen. Du aber hast neuerdings einen Plan für Deine künftige Lebensgestaltung. Sei er angeregt worden durch ein Zusammentreffen mit einer Dich stark beeindruckenden Person oder auch nur durch das Lesen meines Buches oder anderer Inspirations-Literatur. Jedenfalls beginnst Du nun, Dein beziehungsweise euer gleichförmiges, gemeinsames Treiben mit anderen Augen zu sehen und Dir Fragen zu stellen: Was tue ich hier eigentlich? Ist es sinnvoll, jedes Wochenende mit den gleichen Dingen und Leuten zu vertrödeln? Warum fühle ich mich oft so „platt" am Montagmorgen? Hatte ich nicht als Kind einen ganz besonderen Traum...und warum bin ich heute so weit entfernt davon?

Solange Du Deine neue Gedankenwelt für Dich behältst und nur manchmal vor Dich hin träumst, mag dieser Lebensstil in Deinem vertrauten Umfeld weiterhin funktionieren. Jetzt beginnst Du allerdings damit, kleinere Änderungen in euer gemeinsames Wochenendleben einzuflechten. Du verzichtest mehr und mehr auf das altbekannte Programm, musst Dich jedoch gegenüber Deinen Kumpels geschickt herausreden, um keinen

Verdacht auf Dein verändertes Mindset zu lenken. Schließlich war und ist es noch immer so, dass sich derjenige „rechtfertigen“ oder zumindest erklären muss, der etwas anders als üblich tut! Und darauf hast Du keine Lust. Unverständnis erntest Du plötzlich auch dafür, dass Du auf die bisher obligatorischen Fleisch-Berge zu euren Gelagen verzichtest. Eine Magenverstimmung kann ja mal sein, aber jetzt hast Du sie jedes Mal, wenn ihr euch trefft, und Du bestellst deshalb nur noch Salat mit Schafskäse! Aus ihrem Gleichgewicht geraten Deine Freunde endgültig, als Du statt Bier und Softdrinks nur noch „schnödes“ Wasser ohne Kohlensäure bestellst. Spätestens jetzt ist es vorbei mit der Harmonie und Deine bisherigen Freunde werden nach anfänglichem Hänseln beginnen, Dich mehr und mehr zu meiden. Du gehörst jetzt nicht mehr zum „inneren Kreis“, wenn Du verstehst, was ich damit meine?

Schon gut, ich habe sie nicht vergessen, die holde Weiblichkeit: bei Frauen verläuft dieser Prozess naturgemäß anders ab. Freundinnen verbringen auch viel Zeit zusammen. Sie treffen sich eher zur gemeinsamen Shopping-Tour oder später als Mütter gemeinsam mit den Kindern, um in gemütlichen Cafés über „Gott und die Welt“ zu schwatzen. Generell scheinen Frauen mehr auf ihr körperliches Wohlbefinden zu achten und sich darüber auch mit ihren Freundinnen auszutauschen. Statt wie bei Männern offen und direkt wird weibliche Kommunikation oft subtiler und indirekter geführt. Dies ändert jedoch nichts an der Tatsache, dass auch Frauen, die konsequent an sich und ihrem ureigenen Lebensweg arbeiten, früher oder später ihren gewohnten Freundinnen-Kreis weitestgehend austauschen werden. Das entfällt nur dann, wenn die „alten“ Freundinnen mitwachsen und gegenüber dem Neuen offen bleiben.

Das klingt für Dich nach Verlust, richtig? Für diesen Fall hilft Dir vielleicht die folgende Sichtweise: Unser Universum duldet kein Vakuum. Das heißt, wann immer etwas endet oder ein Freiraum entsteht, füllt etwas Neues diese scheinbare Leere aus. Für unsere Beispiele mit den Freundinnen und Freunden übersetzt bedeutet das: Du wirst dann neue und vor allem zu Deinem Entwicklungsstand passende Freundinnen und Freunde finden, wenn Du Dir bewusst den Platz dafür eingeräumt hast. Stehst Du also den ganzen Tag lang „unter Strom“ in stets gleichem beruflichen und privaten Umfeld, so ist schlicht kein Raum mehr für Neues vorhanden. Deine Aufnahmekapazität ist erschöpft. In diesem Zustand wäre es vom intelligenten Universum pure Vergeudung, Dir eine anspruchsvolle Vorlage sprich Entwicklungschance zu präsentieren, denn Du könntest sie gar nicht als solche identifizieren! Jemand, der tagein tagaus und sehr gestresst im Hamsterrad tritt, bekommt den Kopf gar nicht hoch oder gedreht, um neue Perspektiven wahrzunehmen.

In dem Moment, wo Du achtsam und konsequent Dein Leben in die gewünschte Richtung lenkst, entsteht dieser Freiraum automatisch, da jene Freundinnen und Freunde von Dir abfallen, mit denen Du nun keine wesentlichen Gemeinsamkeiten mehr aufweist, die euch zuvor verbanden. Dieser natürliche Selektionsprozess macht bei Dir Kapazität für neue Themen und ebenso neue Menschen frei. Und zwar für Menschen, die auf einem vergleichbaren Energielevel agieren wie Du. Denn nur jene vermögen Dich als gleichgesinnt zu erkennen. Und wie heißt es so schön: gleich und gleich gesellt sich gern. Das gilt für alle Daseins-Level.

Du hast längst erkannt, worauf ich hinaus will, richtig? Genau, mit Entschlacken meine ich hier tatsächlich nicht nur die Säuberung Deines Körpers, um die es ja bereits ging. Darüber hinaus geht es nämlich um die natürliche Entfernung der „Zeit-und Energiediebe“ aus Deinem Umfeld! Hier wieder eine Illustration zum besseren Verständnis: Nutze mal einen Spaziergang vor den Toren Deiner Heimatstadt und streife achtsam durch den Wald. Dort kannst Du beobachten, wie sich Bäume verhalten. Sie stehen im ständigen Wettbewerb um Licht und Wasser für das eigene Wachstum und streben danach, möglichst viel vom „reichhaltigen Kuchen der Mutter Erde“ abzubekommen. Wo ein echter Baumriese steht, dort verdrängt er potenzielle Mitbewerber oder zwingt sie zumindest, entweder zu verkümmern oder „um die Ecke“ zu wachsen. Diese kleinen Bäume kriegen folgerichtig nicht so viel Energie ab, um sich jemals zu voller Größe aufzurichten, denn zu eng ist das Umfeld! Noch eindrucksvoller sind einzeln stehende Laubbäume auf Weiden oder Feldern. Diese Bäume entfalten sich vor allem in die Breite, haben meist einen Stamm mit gewaltigem Durchmesser und eine raumgreifende Krone. Sie sind eine echte Augenweide für achtsame Beobachter und demonstrieren ihm beispielhaft, wozu ausreichend Platz sowie eine ebenso ausreichende Versorgung mit den Lebenselixieren Sonnenlicht, Mineralien und Wasser führen können.

Bezogen auf Deine Freundschaften bedeutet dies also wieder: weniger ist mehr! In einer artgleichen und nicht zu eng stehenden Baumgruppe erhältst Du mehr von dem, was Du zum Wachsen benötigst, als in einem dichten Urwald, wo die meisten Gewächse die Sonne vor lauter Bäumen nicht mehr sehen. Verstehst Du die in diesem Gleichnis enthaltene Botschaft? Das Beste daran ist, Du brauchst niemanden vor den Kopf zu stoßen und ihm von Dir aus die Freundschaft kündigen, denn als „Täter", der mutig und konsequent zur Tat seiner eigenen Veränderung schreitet, wird Deine Freundschaft von jenen geopfert, die Deinen Veränderungsprozess ablehnen! Jene „Platzhalter" werden Dir freiwillig den Rücken kehren, weil sie nicht mit neuen Erkenntnissen abseits ihrer Gewohnheiten konfrontiert werden wollen.

Klassentreffen gehören zur Schulabgänger-Tradition. In Abständen von mehreren Jahren treffen alte Schulfreunde erneut aufeinander und tauschen sich über ihr Leben aus. Das kennst Du auch, oder? Ich ging früher stets gern zum Abiturienten-Treffen, zumal diese immer an unterschiedlichen Orten stattfanden. Das Hauptmotiv für meine Teilnahme war schlicht Neugierde. Ich wollte also wissen, was aus meinen Kommilitonen geworden war. Ich denke, meinen ehemaligen Mitschülern ging es ähnlich. Ein regelrechter Klassiker bei diesen Zusammenkünften war und ist der Satz: „Du hast dich aber gar nicht verändert!" Oft wird er einfach so dahingesagt und wir denken uns nichts dabei. Vielleicht freuen wir uns sogar darüber, für unsere gleichaltrigen Schulfreunde noch „ganz der Alte…" zu sein? Ich habe diesen Satz schon sehr lange nicht mehr zu Ohren bekommen und das ist auch gut so, verdeutlicht er einem doch auf plakative Weise die Beibehaltung des ursprünglichen Status Quo. Ich nehme es hingegen als Kompliment, wenn jemand, der mich lange nicht live erlebte, konstatiert, ich hätte mich aber stark verändert! Und wie ist es bei Dir?

Wir brauchen nicht so fortzuleben, wie wir gestern gelebt haben. Machen wir uns von dieser Anschauung los und tausend Möglichkeiten laden uns zu neuem Leben ein.
Christian Morgenstern

Großputz im Archiv

Nachdem wir nun die physische und energetische Entschlackung – also trenne Dich von überflüssigen Pfunden und Menschen, die Dir nicht gut tun - durch haben, bleibt noch ein weiteres Gebiet, wo Du unbedingt aufräumen und aussondern solltest. Hast Du spontan eine Idee dazu? Nein? Gut, ich helfe Dir. Es geht um Dein „Archiv"! Ziehst Du gerade die Augenbrauen hoch, weil Du denkst „dunkel sind seiner Worte Sinn"? Dann bringe ich Licht in dieses Dunkel. Mit „Archiv" bezeichne ich Deine körpereigenen Speichermedien, also jene Orte, wo Deine Alltagserfahrungen abgelegt werden. Die rationalen Informationen, das vermittelte Wissen im Gehirn und die emotionalen Schwingungen als Ausdruck gut oder schlecht empfundener Gefühle.

Wie Du bereits weißt, verteilen sich unsere Nervenzellen im ganzen Körper mit dem Schwerpunkt Darm, weshalb wir immer von unserem „Bauchgefühl" sprechen. Im Grunde speichern wir bei vielen Erfahrungen die damit verbundenen Emotionen, also nicht den detaillierten Ablauf mit Zahlen, Daten und Fakten, sondern wie wir uns dabei gefühlt haben. Das zeichnet uns als menschliche Wesen aus, bringt uns jedoch des Öfteren in Schwierigkeiten. Denn immer, wenn wir auf eine vergleichbare Situation stoßen, greifen unsere Nervenzellen auf das im Archiv hinterlegte Muster zurück und lassen uns auf diese neue Situation mit einem alten Verhaltensmuster reagieren! Für Menschen, die uns gut kennen und die uns für ihre Zwecke zu benutzen versuchen, bietet dieses Verhaltensmuster eine Angriffsfläche für Manipulationen.

Damit Du also aus der - leider sehr beliebten - Opferrolle endgültig aussteigen kannst, ist ein Großreinemachen in Deiner Innenwelt angeraten. Und ja, Du kannst sehr wohl Deinen „Speicher" leeren und neu füllen. Stelle Dir das bitte wie bei einem Computer vor: neu gekauft, ist er lediglich mit einem Betriebssystem ausgestattet, damit er planmäßig läuft. Anschließend wird er vom Nutzer mit dessen Inhalte gefüllt. Er speichert die für ihn relevanten Texte, Bilder und Videos auf die Festplatte, seinem „Gedächtnis“. Das geht solange, bis dieser Speicher gefüllt ist und weitere Inhalte keinen Platz mehr dort haben. Dann hat der PC-Besitzer zwei Optionen, nämlich erstens große Teile der belegten Festplatten-Kapazität zu löschen, um Platz für neue Informationen zu schaffen. Oder zweitens, die volle Festplatte gegen eine leere auszutauschen. Da Letzteres nur im technischen Bereich üblich und machbar ist, nutzen wir als menschliche Wesen folgerichtig die Möglichkeit des Datenaustausches in unserem Speicher. Es wird unterstellt, dass wir Menschen unser Gehirn durchschnittlich zu nicht einmal fünf Prozent ausnutzen. Theoretisch. Stellt sich angesichts der chaotischen Situation auf unserem Erdball die Frage, wohin es wohl führen würde, könnten wir die „restlichen“ 95 Prozent der brachliegenden Kapazität ebenfalls einsetzen? Meine intuitive Antwort darauf lautet: bei unserem derzeitigen Bewusstseinstand würden wir alles noch komplizierter gestalten und somit das Chaos in allen Bereichen vergrößern. Aber möglicherweise irre ich mich ja mit meiner grundlegenden Annahme, dass auch hier weniger letztlich mehr ist?

Je mehr ich weiß, umso mehr weiß ich auch, dass ich nichts weiß! Diese Erkenntnis stammt aus uralten Quellen und beinhaltet viel Weisheit, wie ich aus eigenem Erleben bestätigen darf. Folgst Du nämlich diesem Pfad des Wissens, so stellst Du irgendwann fest, dass mit jeder neuen Erkenntnis eine Handvoll neuer Fragen aufploppen, die wiederum auf Beantwortung warten. In meinen Erinnerungen sehe ich mich damals nur noch so: jung, dynamisch, ahnungslos. Aber wissbegierig! Diese Neugierde ließ und lässt mich wachsen, und zwar jeden Tag. Mittlerweile erlange ich zunehmend die Fähigkeit zurück, einfach nur da zu sein, die alltäglichen Dinge zu betrachten und mich daran zu erfreuen sowie Erlebnisse mehr zu kommentieren als zu bewerten. Mein Ehrgeiz, alles wissen zu wollen, fokussiert sich heute nur noch auf Themen, die mit meinem Lebensweg und dem meiner Familie verknüpft sind. Ich verschwende schon lange keine Energie mehr an Themen, die ich nicht beeinflussen kann, wozu beispielsweise die große Politik zählt, wo ich – wenn überhaupt – nur noch Überschriften von im Internet veröffentlichten Artikeln lese, da ich das zugrunde liegende „Spiel" längst durchschaut habe und eine kurzfristige Änderung der Spielregeln meiner Auffassung nach nicht in Sicht ist.

Zurück zu Dir! Um Deinen mit Informationen und Gefühlen vollgestopften Speicher zu leeren, musst Du zunächst wieder reduzieren. Weniger ist auch hier mehr, wie Du schon bald spüren wirst. Was bedeutet dies für Deinen Alltag?

Was jetzt folgt, mag Dir exotisch erscheinen, da es weit weg vom Mainstream ist. In meinen Augen ist dies jedoch immens wichtig, um Aufmerksamkeit und Energie in Richtung Deines Lebensweges zu lenken. Hier also die „drakonischen" Maßnahmen, um rational und mental zu entschlacken und somit Deine Aufnahmekapazität für die wesentlichen Dinge zu erhöhen. Ich habe sie in der leicht merkbaren Formel „FREIHEIT" integriert, deren Bedeutung hier zugleich Programm ist:

F – Fernsehapparat aus! Allein durch den konsequenten Verzicht auf die allgegenwärtige „Glotze" wirst Du Dich binnen weniger Wochen entspannter und energiegeladener fühlen. Laut Statistik hängt Deutschlands „Otto Normalverbraucher" im Schnitt mehr als fünf Stunden pro Tag vor dem Bildschirm ab! FÜNF Stunden – kannst Du Dir das vorstellen? Abgesehen von der daran gebundenen und unwiderruflich verlorenen Lebenszeit, tragen weder seichte Unterhaltung noch die Flut schlechter, einschüchternder Nachrichten dazu bei, Dein eigenes Leben zu verbessern! Ok, ich lasse Gnade vor Recht ergehen und gebe zu, dass ich mir selbst eine klitzekleine Ausnahme für diese Regel gestatte, und zwar alle vier Jahre zur Fußball-Weltmeisterschaft, so die deutsche Mannschaft nicht gerade schon in der Vorrunde ausscheidet! Das ist alles und ich kann Dir von Herzen empfehlen, Dich eher heute als morgen von der Fernbedienung Deiner Pixelkiste zu trennen. Ein positiver Nebeneffekt für Deinen Körper ist dabei, dass Du nicht mehr gedankenlos in Chips-Tüten greifen kannst…

R – Radio aus! Weil wir gerade dabei sind, nehmen wir den nächsten Ablenkungs- und Störfaktor ins Visier. Viele Zeitgenossen schalten das Radio morgens ein und lassen es die ganze Zeit dudeln, und nur, um zwischen den immer kürzeren Musikpausen, ach so scheinbar wichtige Nachrichten und aufdringliche Werbeblöcke unterschwellig aufzusaugen. Auch wenn Du es vielleicht nicht glauben magst, aber diese Dauerbeschallung wirkt auf Dein Unterbewusstsein ein und verstopft Deine ohnehin schon überforderten Aufnahmekanäle noch stärker. Und mal ganz ehrlich: wenn Du tatsächlich Deiner Lieblingsband achtsam lauschen möchtest, dann legst Du Dich auf die Couch und eine CD in Deinen Rekorder ein - oder brauchst Du das ganze hektische Geplapper drum herum?

E – Einfühlungsvermögen schulen! Werde vom be- und verurteilenden Richter zum neutralen Beobachter, indem Du Dich bewusst darin übst, Dich so oft wie möglich in die Lage des anderen zu versetzen, um ihn besser verstehen zu können! Dann unterlässt Du die vorschnelle und über viele Jahre konditionierte Zuordnung von Menschen, Dingen und Situationen in die berüchtigten Schubladen. Das Ziel dieses Dauertrainings ist es, alte und destruktive Reaktionsmuster in Deiner Matrix zu überschreiben. Der Lohn für Deine Bemühungen wird die systematische Addition emotional positiver Erlebnisse mit all den Menschen sein, denen Du auf solch bewusste und sensible Art gegenüber trittst.

I – Internet gezielt nutzen! Das World Wide Web ist heutzutage nicht mehr aus unserem Alltag wegzudenken. Seine ständige Präsenz verführt allerdings viele, vor allem junge Menschen dazu, sich dort in aufregend gestalteten Video-Games zu verlieren. Stundenlang! Es mag für Dich möglicherweise altmodisch klingen, aber ich gehöre zu einer Generation, die sich zum Spielen den ganzen Tag lang draußen aufhielt. Mit Fußballspielen, Versteck- und Einfangspielen oder dem Basteln von Pfeil und Bogen beschäftigten sich meine Altersgenossen und ich bis zum Sonnenuntergang. Wir waren also aktive Gestalter statt passive Konsumenten. Und ja, wir wurden dabei dreckig und kratzten uns des Öfteren Knie und Arme auf. Jedoch litten wir weder unter Fettleibigkeit, noch brauchten wir als Kind schon eine Brille. Wenn Du also in das Internet gehst, dann tue dies ausschließlich für gezielte Recherchen und konstruktive Kommunikation oder sogar Eigenwerbung, wenn Du als Internet-Marketer unterwegs bist! Alles andere bringt Dich Deinen eigenen Lebenszielen keinen Schritt näher.

H – Hobbys pflegen! Unter einem Hobby versteht man landläufig etwas, womit man gern seine Freizeit verbringt. Üblicherweise handelt es sich bei solch Aktivitäten also um eine Herzenssache, da sie nicht vordergründig durch die Verfolgung ökonomischer Interessen angetrieben wird. Um es noch einmal zu betonen: Stundenlang hektische Videogames zu konsumieren, zähle ich nicht zur Kategorie „Hobby", da hier die Komponente der eigenen Kreativität weitestgehend reaktiven Verhaltensmustern zum Opfer fällt. Bestimmt hast Du schon einmal den Satz gehört oder gelesen, am besten sei es, das Hobby zum Beruf zu machen, oder? Im Umkehrschluss heißt das dann: tu, was Du liebst, dann kannst Du auch davon leben! Den allermeisten Menschen fehlen allerdings Mut und Vertrauen, um an diese Vision zu glauben. Das kennst Du sicherlich auch aus Deinem Umfeld: da gibt es jemanden, der ob seines speziellen Talents von allen bewundert wird. Wenn es jedoch um eine mögliche berufliche Integration dieses Talents in den Alltag geht, dann ist das Leben in den Augen zu vieler Menschen eben „kein Wunschkonzert", weshalb man eben studieren muss, um einen gut bezahlten und vermeintlich sicheren Job zu ergattern. Also nimm bitte Deinen inneren Drang, bestimmte Dinge auszuprobieren oder intensiver zu tun, ernst, denn dahinter könnte sich ein entscheidender Teil Deines Ausstiegsszenarios verbergen!

E – Einsamkeit aushalten! Das solltest Du unbedingt können, zumindest für eine gewisse Zeit. Wenn Du nämlich zu jenen gehörst, die immer Leute um sich herum brauchen, um sich selbst zu spüren, bist Du noch ein Abhängiger. Und zwar abhängig von der Energie und den Meinungen anderer, ganz gleich, wie sehr sie Dir auch schaden mögen. Versuche also gerade in der Phase Deiner Ausstiegsvorbereitung viel Zeit mit Dir allein zu verbringen, Zeit in Stille und Meditation. Das mag Dir anfänglich schwer fallen, ich darf Dir jedoch wiederum aus eigener Erfahrung versichern, dass es sich lohnt. Du wirst nämlich während derartiger Ruhepausen ohne störende elektronische Medien viele Inspirationen erhalten. Einfach so. Und Du wirst staunen, wie Du von der scheinbaren Leere des Dich permanent umgebenden Universums regelrecht mit Antworten auf Deine brennenden Fragen durchflutet wirst. In der Stille mit Dir selbst offenbart sich Dein Weg, weil Du dann endlich entspannt auf Empfang geschaltet bist!

I – i-Phone ausschalten! Das gilt vor allem für jene Zeiten und Situationen, in denen Du „eigentlich“ mit etwas anderem beschäftigt bist. Es schockiert mich regelrecht zu sehen, wie heute die Mehrzahl der jungen Leute unterwegs ist – mit dem Handy direkt vor der Nase, und zwar ständig! Das sieht man natürlich nur, so man selbst kein Handy vor dem Gesicht spazieren trägt. Kürzlich betraten meine Frau und ich ein Restaurant und das erste, was wir dabei registrierten, war eine sechsköpfige Gruppe Jugendlicher, von denen JEDER seine Aufmerksamkeit an das Mobiltelefon vor seiner Nase gekoppelt hatte! So funktioniert offenbar für viele Zeitgenossen Kommunikation: man sitzt physisch mit „Freunden“ oder „Freundinnen“ zusammen und hat sich nichts zu sagen, da das Handy-Display offenbar Spannenderes bietet. Das trifft übrigens nicht nur für Deutschland zu, denn die Handy-Sucht kann man ebenso in Mittelamerika, wo wir viel unterwegs sind, beobachten. Da kann es schon mal passieren, dass man ein Geschäft betritt und die Verkäuferin hinterm Tresen beim Surfen unterbricht. Getreu dem Motto: das einzige, was jetzt stört, ist der Kunde! Und mal Hand aufs Herz: hältst Du Dich für so wichtig und unentbehrlich für Dein berufliches und privates Umfeld, dass Du via Handy rund um die Uhr erreichbar sein musst? Oder glaubst Du vielleicht, dass Du irgendetwas verpasst, wenn Du nicht permanent an der „Leine“ hängst? Bitte tue also Dir selbst und Deinem Umfeld den Gefallen und nutze Dein Mobiltelefon ausschließlich für wichtige Anrufe oder kurze Benachrichtigungen! Neben der damit entfallenden Belästigung Deiner achtsameren Mitmenschen hat das gleich noch drei weitere Vorteile: Du sparst Zeit, Geld und schützt zudem Deine Gesundheit! Zu letztgenannter Thematik gibt es aufrüttelnde Studien zur Strahlenbelastung des Kopfes durch häufige Nutzung des Mobiltelefons, mit denen Du Dich ruhig einmal beschäftigen solltest. Damit Du später bei eventuell diagnostizierten Krankheitssymptomen nicht behaupten kannst, Du hättest nichts davon gewusst!

T – Tageszeitungen ignorieren! Es gab mal eine „gute alte Zeit“, wo das Lesen einer Tageszeitung zum allmorgendlichen Frühstücksritual in der

Familie oder beim Geschäftspartner-Brunch im kleinen Café um die Ecke zählte. Man holte sich die Neuigkeiten aus aller Welt frisch gedruckt ins Haus, um – unmittelbar statt über Handy - miteinander über Neuigkeiten zu diskutieren. Ok, es war und ist immer mehr das offenbar „Böse und Negative“, das thematisch im Mittelpunkt stand und steht, da sich die schlechten und aufregenden Nachrichten bekanntlich besser verkaufen lassen als die langweiligen guten. Aber man hatte etwas, worüber man schwatzen konnte. Ich möchte gar nicht so sehr in die Tiefe gehen und den in Deutschland inzwischen durch alternative Internet-Blogs oder auf den zahlreicher werdenden Demonstrationen populär gemachten Begriff „Lügenpresse“ kommentieren. Es sollte Dich jedoch nachdenklich machen zu wissen, dass nur eine Handvoll westlicher Presseagenturen weltweit vorgeben, was überall – oft mit fast gleichem Wortlaut – durch die überregionale Presse in deren Zeitungen veröffentlicht wird. Gehst Du mittels Internet thematisch tiefer dort hinein, dann wirst Du das „Schwarz-Weiß-Muster“ dahinter erkennen. Die Kurzform davon lautet: Wir – die Regierenden – geben vor, was gut und rechtens ist, und wer das nicht kritiklos akzeptiert, der ist undemokratisch! Es gab bekanntlich eine als ausnahmslos düster postulierte, zwölfjährige Periode in Deutschland, da existierte ein so genanntes „Propaganda-Ministerium“, wo allein schon die Bezeichnung keinen Zweifel daran aufkommen ließ, was dessen primäre Aufgabe gegenüber der Bevölkerung war. Heute läuft die Manipulation unter einem demokratischen Deckmantel wesentlich subtiler und oft unerkannt für die Massen ab, hat jedoch langfristig vergleichbar desaströse Auswirkungen. Es scheint sich dennoch etwas am Zeitungsmarkt zu bewegen, denn der Verkauf von Druckausgaben vieler ehemaliger Meinungsmacher schmilzt wie Schnee unter der Frühlingssonne, woran das freie Internet sicherlich einen gehörigen Anteil hat. Du kannst Dir also Geld und Lebenszeit sparen, denn außer dem durchaus betörenden Geruch von frisch bedrucktem Zeitungspapier in Deiner Nase verpasst Du nichts Wesentliches für Deinen eigenen Lebensplan!

Hier noch einmal die Quintessenz zur rationalen und emotionalen Entschlackung, zusammengefasst in der Formel „FREIHEIT“:

F – Fernsehapparat aus!
R – Radio aus!
E – Einfühlungsvermögen schulen!
I – Internet gezielt nutzen!
H – Hobbys pflegen!
E – Einsamkeit aushalten!
I – iPhone ausschalten!
T – Tageszeitungen ignorieren!

Kannst Du Dir diese Gedankenbrücke einprägen? Noch wichtiger: traust Du Dir zu, dieses immaterielle Entschlackungsprogramm Schritt für Schritt umsetzen zu können? Falls ja, bist Du auf einem guten Weg! Reduzierst Du konsequent Deinen energetischen Abrieb im Außen, wirst Du bald feststellen, dass Du mehr Zeit und Aufnahmefähigkeit hast für Deine eigenen Sachen. Die Neuprogrammierung kann beginnen…

Die ganze Mannigfaltigkeit,
der ganze Reiz und die ganze Schönheit des Lebens
setzen sich aus Licht und Schatten zusammen.
Leo Tolstoi

Ist die Welt ungerecht?

Was ich hier mit relativer Leichtigkeit notiert habe, bedeutet sehr wohl einen beachtlichen Stapel an Hausaufgaben für Dich. So Du natürlich bereit bist, Dich ihnen im Interesse des strukturierten und erfolgreichen Vorankommens auf Deinem Lebensweg zu stellen. Schaust Du Dich jetzt im Geiste um, tauchen jetzt möglicherweise Menschen auf, denen stets alles in den Schoß zu fallen scheint. Da gibt es vielleicht einen Bekannten, den Du weder als schlauer noch fleißiger als Dich selbst einstufst. Ihn jedoch hat die „Glücksfee“ geküsst, sehr heftig, denn ein fetter Lotto-Gewinn war das Resultat. Er hat darüber gar nicht mit Dir gesprochen, aber Du hast den plötzlichen Wandel seines Lebensstils sehr wohl wahrgenommen: das größere, nagelneue Auto, schicke Klamotten und sogar die neuen Klunkern an Handgelenk und Hals seiner Gattin. Und natürlich den überraschenden Umzug aus der Mietwohnung in ein schickes Haus am Stadtrand... Und wie denkst Du darüber? Was regt sich in Dir angesichts von so viel Dusel bei Deinem Bekannten? Empfindest Du die Welt vielleicht als ungerecht Dir gegenüber, so nach dem Motto „Warum er und nicht ich“? Bevor Du Dir vorschnell eine „höfliche“ Antwort gibst, fühle ruhig und ehrlich in Dich hinein, denn selbst solche Neid-Gedanken, die wir alle gern spontan ablehnen, sind durchaus menschlich!

Dieses Beispiel habe ich bewusst überzeichnet, um Dich gedanklich zu provozieren. Was angesichts dieses geschilderten Falls emotional in Dir vorgeht, kann nur Dein Beobachter wahrnehmen. Anders ausgedrückt: Du allein entscheidest, was eine Information oder Wahrnehmung mit Dir tut. Es ist nämlich niemals die Außenwelt, die „schlecht“ zu Dir ist, sondern stets Du selbst beziehungsweise Deine Interpretation der jeweiligen Situation! Spürst Du infolge der Lottogewinn-Geschichte Neid in Dir aufkommen, ist dies nur ein Zeichen von noch vorhandenem Mangel(unter)bewußtsein. Kannst Du Dich dagegen mit dem Glückspilz vorbehaltlos freuen oder zumindest mit einem Schmunzeln neutral reagieren, bist Du schon einen großen Schritt weiter in Deiner Persönlichkeitsentwicklung.

Warum sollte das für Dich als zukünftigen Aussteiger eine Rolle spielen, höre ich Dich jetzt fragen? Die Antwort wird Dich wahrscheinlich nicht vom Hocker reißen, ist sie doch leicht nachvollziehbar. In unserer materiellen Welt sind wir darauf konditioniert worden, alles miteinander zu vergleichen. Von unserer Kindheit an ging es um größer, besser, schlechter, schneller, schlauer etc. Wir haben uns mit und wurden stets an anderen gemessen. Es reichte oft nicht aus, einfach nur man selbst zu sein. Also genau so, wie das intelligente Universum einen jeden von uns gemeint hat.

Einige Philosophen behaupten sogar, der Vergleich sei die Wurzel aller Leiden. Schließlich ist da scheinbar immer jemand, von dem wir glauben, wir könnten ihm nicht das Wasser reichen, weshalb wir niemals gut genug sind. Für uns selbst! Auf die Spitze getrieben wurde diese

Tendenz augenscheinlich bei den Schönheitswettbewerben für Frauen. Die verschiedenen „Miss xy“ dieser Erde zieren seit Jahrzehnten die Umschlagseiten bunter Magazine und jene stilisieren die Beauty-Queens gegenüber ihren Leserinnen zu unerreichbaren Idolen hoch. Welche „normale“ Frau und Mutter kann da schon mithalten? Viele! Nach meiner Wahrnehmung jedenfalls. Jedoch käme die absolute Mehrheit von den „unbekannten“ Schönheiten gar nicht auf die Idee, sich ebenso schön und selbstbewusst zu fühlen und zu verhalten wie die gestylten Damen auf den Siegertreppchen.

Bei diesem Beispiel habe ich die Männerwelt bewusst vernachlässigt, da wir Herren der Schöpfung meiner Auffassung nach nicht annähernd so unter „Schönheits-Druck“ stehen wie traditionell die Frauen. Sehr wohl präsentiert der „Durchschnittsmann“ im Sommerurlaub am Strand keinen Waschbrettbauch wie die hoch bezahlten männlichen Modells bei Modeschauen. Orientierst Du Dich nun – unter falschen Voraussetzungen und unerledigten Hausaufgaben – an solchen Idolen, kannst Du nur scheitern, was wiederum Frustration bei Dir erzeugt. Das ständige Vergleichen mit vermeintlich schöneren oder vermutlich reicheren Menschen ist de facto eine Anleitung zum Unglücklich-Sein!

Eine weitere Facette aus der Rubrik „Bewertungen“ ist das Beklagen über das vermeintlich „Schlechte“ oder über die „bösen“…Nachbarn, Kollegen, Chefs, Behörden, Politiker etc. Warum sind jene Menschen unserer Meinung nach schlecht oder böse? Nun, weil sie zuallererst nicht das tun, was wir von ihnen erwarten oder uns wünschen. Damit wir uns dennoch halbwegs gut oder besser fühlen, ordnen wir unsere Außenwelt in „Schubladen“, worunter natürlich auch solche für die erwähnten „Bösen“ zu finden sind. Indem wir derart werten, stellen wir uns nämlich selbst auf die „gute“ Seite, also auf jene, die gemäß unserem Glaubensbild in Ordnung ist und alles rechtens tut. Am leichtesten fällt es uns für gewöhnlich, über „schlechte“ Menschen in deren Abwesenheit zu sprechen. Die sicherlich unangefochtene Führung der an Stammtischen und in Wohnzimmern diskutierten „Schlechtmenschen“ haben sich in der jüngeren Vergangenheit die Politiker ergattert. Das verwundert nicht wirklich, bedeutet ja bereits das Parteien-System eine Spaltung und somit

Polarisierung der Gesellschaft, was durch die ständige mediale Präsenz noch befeuert wird. Es ist tatsächlich nicht schwer, sich bei einem Teil der Bevölkerung unbeliebt zu machen, fokussiert man sich als Politiker auf das Thema eine speziellen Zielgruppe, was wiederum einem anderen Bevölkerungsteil „gegen den Strich“ läuft.

Lass es mich ein weiteres Mal zuspitzen, denn in der Übertreibung liegt bekanntlich die Anschaulichkeit. Wenn Du demnächst wieder einmal empört über die Verlautbarungen oder Handlungen unserer Politiker bist, dann erinnere Dich bitte an dieses Beispiel: Wir wissen nichts über die wahren Motive unserer „Eliten“ und möglicherweise sind auch sie überwiegend oder vollkommen fremdgesteuert? Lass mich das brutal illustrieren: Angenommen Du wärst ein führender Politiker oder ein Minister und einflussreiche Kreise versuchen Dich direkt zu beeinflussen, um ihre ureigenen und gegen die Bevölkerungs-Mehrheit gerichteten Interessen durchzusetzen. Jetzt stell Dir vor, dass ihnen dazu jedes Mittel Recht wäre für den Fall Deiner mangelnden Kooperationswilligkeit, also auch die offene oder versteckte Bedrohung Deiner Familie! Was würdest Du wohl alles tun oder unterlassen, um Deine Liebsten zu schützen? Was will ich damit ausdrücken? Erstens: wir wissen nichts über die Motive, Ängste und inneren Kämpfe anderer Menschen! Zweitens: urteile deshalb nicht über Menschen, solange Du nicht ein paar Tage lang deren „Mokassins“ getragen hast, wie es in einer Indianer-Weisheit heißt! Fokussiere Dich stattdessen auf Dein eigenes Leben! Es ist wie es ist und DU bist nur für Deinen eigenen Lebensplan verantwortlich, nicht für „den Rest der Welt“. Asiaten sagen zu Recht: wenn jeder vor seiner eigenen Haustür kehrt, dann ist es überall sauber! Und wie viel vom alten „Gedanken-Müll“ hast Du bereits vor Deiner eigenen Haustür beseitigt?

Das Phänomen der Polarisierung betrifft uns mehr oder weniger alle. Wir polarisieren oft unbewusst und denken ALLE, dass wir zu den „Guten“ gehören! Klar, denn wer behauptet schon von sich selbst, ein schlechter Mensch zu sein? Kennst Du jemanden? Ich nicht! Diese bereits in Kindheitstagen erlernte Sichtweise stellen wir selten bis niemals in Frage, erleben wir diese Polarisierung als Teil unseres Getrenntsein-Empfindens doch laufend im Alltag. Damit befinden wir uns allerdings in einer schwer erkennbaren Falle, die ebenso weg vom Glücklich-Sein führt wie das oben beschriebene Vergleichen. Um das verständlich zu bebildern, denk an die Sonne: sie erzeugt Schatten und eben jener Schatten kann nur deshalb existieren, weil es die Sonne, das Licht gibt! Du wirst mir sicherlich zustimmen, dass Schatten eine tolle Sache ist, wenn man sich in südlichen Breitengraden der Mittagshitze entziehen möchte, oder? Auch die Tatsache, dass unser Erdenleben dem stetigen Wechsel von Licht und Dunkelheit, also von Tag und Nacht folgt, beweist, dass alles Existierende offenbar eine Bedeutung hat. Das Licht vermag sich in unserer materiellen Welt über das „Kontrastprogramm“ Schatten beziehungsweise Dunkelheit vielfältig auszudrücken. Warum sollte das Licht den Schatten und die Dunkelheit als seine natürlichen „Gegenspieler“ verurteilen?

Unsere Welt ist demnach objektiv keine ungerechte, schlechte oder gar böse, sondern lediglich der Spiegel für die subjektive Auslegung unserer alltäglichen Wahrnehmungen im Sein. Nimmst Du das so an, wird Dir schlagartig klar, dass Du es wieder einmal in der Hand hast, Dein Leben in jene Richtung zu entfalten, wo Dich Dein Herz hinzieht. Du wirst so schrittweise zu Deinem eigenen Maßstab und benötigst keinen Vergleich mehr im Außen und verzichtest ebenso darauf, zu (ver)urteilen. Ja, Du hast Recht, wir sind gerade in einer Widerholungsschleife, aber diese Thematik von der Wechselwirkung zwischen Bewusstsein und Sein verdient es, von verschiedenen Seiten aus betrachtet zu werden. Das gewaltige Potenzial dieser simplen Erkenntnis ist für uns „Menschenkinder“ nahezu unfassbar. Es vernichtet zugleich das „Unterlassungs-Alibi“, wir seien viel zu klein und unbedeutend, um irgendetwas Wesentliches auf diesem Planeten bewirken zu können.

Was hilft aller Sonnenaufgang,
wenn wir nicht aufstehen.
Georg Christoph Lichtenberg

Einfach TUN!

Es gibt wohl kaum ein mächtigeres Wort in der deutschen Sprache mit nur drei Buchstaben als dieses hier: TUN! Ich habe es bewusst groß geschrieben, um seine Wichtigkeit zu betonen. Kennst Du Menschen, die in gemütlichen Tischrunden stets Wortführer sind und allen anderen Anwesenden den Eindruck vermitteln, einfach alles zu wissen? Ja? Wie wirken sie auf Dich? Ok, lass mich diese Frage präzisieren: Wie wirken jene Zeitgenossen auf Dich, die einen Meinungsstreit entfachen mit dem Ziel, an dessen Ende das letzte Wort beziehungsweise „objektiv" Recht zu behalten? Und danach beobachte bitte Dein Empfinden bei dem Gedanken an Gesprächspartner, die nicht über Daten und vermeintliche Fakten bis zur Erschöpfung diskutieren, sondern interessante Geschichten aus ihrem gelebten Alltag preisgeben! Spürst Du einen Unterschied? Falls ja, dann geht es Dir wie mir. Mich beeindrucken Menschen, denen es stets um die Sache geht und niemals darum, dich persönlich zu demütigen oder unbewusst müde zu quatschen. Diese Minderheit fokussiert sich nämlich auf die Lösung! Die sich in der Überzahl befindlichen „Besserwisser" und Theoretiker sprich „Unterlasser" hingegen verschwenden ihre intellektuellen Ressourcen auf die detaillierte Zerstückelung des vermeintlichen Problems!

Das mag jetzt nicht atemberaubend neu für Dich sein - einverstanden! Bedenke jedoch, das theoretisch angelerntes Wissen keinen Cent wert ist, wenn es sich nicht über energetische Umformung letztlich in materielle Realität manifestiert. Lass mich das mal an einem weiteren Beispiel verdeutlichen, um Dir aufzuzeigen, dass diese simpel daher kommende Erkenntnis noch längst nicht unseren Alltag durchdringt.

Hast Du Dir schon einmal Stellengesuche genauer angeschaut? Wenn nicht, dann schau dort mal hinein! Die Texte sind meiner Meinung nach sehr ähnlich, fast standardisiert in etwa so abgefasst: wir suchen einen qualifizierten und engagierten Mitarbeiter zur Verstärkung unseres

Teams…! Kommt Dir das vertraut vor? Hast Du dagegen schon einmal solche Anzeige gelesen: wir suchen einen intelligenten und mutigen Macher, der frischen Wind in unsere verkrusteten Strukturen bringt…? Du musst schmunzeln? Gut! Natürlich ist diese Art von Stellengesuch ungewohnt provokant. Aber mal Hand auf´s Herz – würdest Du Dich dort bewerben, wenn es Deine Branche betreffen würde? Merkst Du es? Jetzt ist Dein Selbstvertrauen gefragt, Deine gesunde Selbsteinschätzung, ob Du Dich schon für einen pfiffigen Veränderer hältst, der mutig das tut, woran er glaubt?

Interessant ist auch, dass die deutsche Sprache es präzise und zugleich ohne jede Wertung ausdrückt: ein Arbeitnehmer ist jemand, der Arbeit (an) nimmt, währenddessen ein Unternehmer jemand ist, der etwas unternimmt! Sicher, es gibt auch Angestellte, die ihre Arbeit gern und achtsam tun und sogar regelmäßig Eigeninitiative entfalten, sehr zum Wohlgefallen des Brötchengebers. Generell ist es dennoch ein ökonomisches Überlebensprinzip für jeden kleinen und größeren Unternehmer, täglich effizient das Bestmögliche zu tun, um das eigene Geschäft am Laufen zu halten. Es soll mittlerweile auch größere Unternehmen geben, die regelmäßige Meetings, also Zusammentreffen von „Teams“ sprich Abteilungskollegen abgeschafft haben, da diese Sitzungen oft unproduktiv zerredet werden und lediglich wertvolle Lebenszeit verschlingen. In diesem Zusammenhang wird dann von „kollektiver Verantwortungslosigkeit“ gesprochen, weshalb der Chef wieder allein entscheidet, damit wichtige Dinge vorankommen. Aufschlussreich ist auch die humoristische Buchstaben-Definition des eingedeutschten Begriffs „TEAM“: Toll…Ein Anderer Macht´s!

Weißt Du, warum viele Zeitgenossen das entschlossene TUN in ihrem ureigenen Interesse meiden? Wahrscheinlich ahnst Du die Antwort, denn sie führt uns wieder auf unsere Kindheitsmuster zurück. Es geht uns allzu oft nur um Fehlervermeidung – das wurde uns eingetrichtert! Getreu dem Motto: besser nichts tun als etwas Falsches! Was scheinbar plausibel klingt, entlarvt bei genauerem Hinsehen erneut eine Angst, eben die Angst zu versagen, also Fehler zu machen. Aber was ist eigentlich ein „Fehler“? Mag sein, diese Frage irritiert Dich, aber finde mal eine Antwort darauf!

Meine ist die: wir reden von einem Fehler, wenn wir etwas taten und das Ergebnis nicht unserer oder der Erwartung anderer entsprach. Können wir uns auf diese Definition einigen?

Was hältst Du davon, das Wort „Fehler“ nach und nach aus Deinem Wortschatz zu eliminieren, und es durch eine weniger negativ belegte Wortwahl zu ersetzen? Bei mir wurde das Wort „Fehler“ ebenso wie jenes der „Schuld“ in die verbale Mottenkiste verbannt. Da Gewohnheiten ein hohes Trägheitsmoment besitzen dauert es schon eine Weile, bis diese Wörter endgültig aus dem Kommunikations-Portfolio verschwunden sind. Umso mehr spornt es unsere Kreativität an, wenn wir nach passenden Alternativen für die „Verbannten“ suchen. Anstelle des vermeintlichen Fehlers kann man durchaus humoristisch das Resultat von Versuch und Irrtum setzen: wir versuchen – sprich tun – etwas unter einer gewissen Annahme, die sich im Ergebnis entweder als erfolgreiches Tun oder Irrtum erweisen kann. Am Ende eines jeden solchen Vorgangs erfahren wir in jedem Fall etwas Neues, weshalb dies ja auch als ERFAHRUNG bezeichnet wird. Ergo machen wir keine Fehler, sondern im „Versuch-und-Irrtum-Modus“ lediglich notwendige Erfahrungen! Über diese Erfahrungen im TUN entwickeln wir uns zunächst. Wir ENTWICKELN uns bildlich gesprochen von den Fesseln der uns von Kindesbeinen an formenden Umwelt. Wenn wir dies ausreichend intensiv und konsequent getan haben, gelangen wir folgerichtig in die nächste Phase unseres Daseins, nämlich zur ENTFALTUNG! Erst hier bringen wir die in uns schlummernden Potenziale voll zur Geltung, da sich nun aus der entwickelten Raupe der wunderschöne Schmetterling entfalten kann. Ich glaube, mit diesem Bild kannst Du etwas anfangen, oder? Zugleich zeigt es Dir auch die Präzision unserer Muttersprache, wenn man sie noch ausgiebig nutzt.

An dieser Stelle, wo Du spätestens jetzt den gravierenden Unterschied zwischen Entwicklung und Entfaltung kennst, kann ich es mir nicht verkneifen, Dir eine weitere, sehr wichtige Unterscheidung näher zu erläutern. Beim TUN geht es immer um zwei Begriffe, die nicht selten durcheinander gewürfelt werden: Effektivität und Effizienz. Diese im Kommunikationsalltag der Geschäftswelt strapazierten Begriffe sind die Ausgeburt unserer oben beschriebenen „Höher-schneller-weiter“-

Gesellschaft, in der so gut wie alles daran gemessen wird. Was meinen diese beiden Wörter? Hier eine leicht zu merkende Charakterisierung: Effektivität bedeutet - tue die richtigen Dinge! Effizienz bedeutet – tue die Dinge richtig! Demgemäß steht Effektivität immer vor der Effizienz, wie ich am nachfolgenden Beispiel erläutere.

Nehmen wir an, Du planst in Vorbereitung Deines Ausstiegs aus dem alten Leben, Dich selbständig zu machen. Dein fester Wille ist es, wirtschaftlich auf eigenen Füßen zu stehen. Dazu hast Du mehrere Geschäftsideen im Kopf, aber es fällt Dir schwer, Dich zu entscheiden, womit Du startest. Jetzt ist wieder die Adlerperspektive gefragt, denn Du solltest ermitteln, welches Modell zur Erreichung Deines übergeordneten Ziels – beispielsweise der Erreichung finanzieller Unabhängigkeit – mit hoher Wahrscheinlichkeit am effektivsten ist. Also geht es zuerst darum, die „richtigen“ Dinge zu tun, also jene Dinge, die Dich Deinem strategischen Ziel am schnellsten näher bringen. Dazu musst Du eine Art Marktforschung betreiben und solche Fragen klären wie: Trifft mein Angebot, mein Produkt den Zeitgeist beziehungsweise füllt es eine Marktlücke? Kann ich brennende Fragen und Probleme einer bestimmten Gruppe von Menschen – genannt Zielgruppe - besser klären beziehungsweise bedienen als die Mitbewerber? Ermöglichen mir selbst vorsichtig kalkulierte Erträge jene Entfaltungsgeschwindigkeit, die mich meinem Ziel schnell näher bringt? Was wäre das denkbar schlechteste „Versuch-Irrtum-Szenario“ für mich? Und, und, und…Erst wenn Du darauf befriedigende Antworten für Dich gefunden und so Deinen Geschäftsmodell-Favoriten herausgeschält hast, geht es um Fragen des „Wie tun?“, also um das Thema der Effizienz! Anders ausgedrückt kommst Du wieder von oben herunter geschwebt in die Niederungen des Alltags. Falls Du diesen Entscheidungsprozess umkehrst, also Dich zuerst in Details verstrickst statt Dir den Überblick zu verschaffen, ist ein zeitraubender Irrtum vorprogrammiert, wenn Du verstehst, was ich meine!

Noch einmal als Zusammenfassung: Es ist zielführend, sich stets daran zu erinnern, dass es IMMER um Lösungen geht anstatt um die ausufernde Analyse von Problemen oder vermeintlichen „Fehlern“! Das praktische Lösen von Problemen – Du könntest es auch das Dich trainierende Überwinden von Hindernissen auf Deinem Lebensweg nennen - ist zwangsläufig an effektives Denken und Entscheiden sowie effizientes Tun gekoppelt. Das lässt sich trainieren und ist eine Grundvoraussetzung für Dein ganzheitliches Aussteigen aus dem ungeliebten Alten.

Die „WERTE"-Formel

Was eignet sich besser zum Einprägen wichtiger Inhalte, die zugleich Deine Hausaufgaben sind, als eine weitere kleine Formel? Da es beim systematischen Ausstieg aus dem Alten nicht um eine spontane, kopflose Flucht geht, sondern zuallererst um die Kultivierung innerer Werte als Erfolgsgarant, biete ich Dir eben diese Gedächtnisbrücke an, dessen Name ebenfalls wieder Programm ist: **WERTE**

W wie Wissen aneignen! Du allein bist verantwortlich für Dein Leben. Demnach bist Du auch verantwortlich für die Lebensqualität und darüber entscheidet wiederum Dein anwendbares Wissen zu den in unserer modernen Gesellschaft dominanten „3-G-Themen", nämlich Gesundheit, Gemeinschaft und Geld. Je tiefer Dein Einblick in das Zusammenwirken von informeller, energetischer und materieller Ebene ist, umso sicherer, angstfreier und konsequenter wirst Du Deinen eigenen Lebensweg gestalten. Wenn Zweifel daran aufkommen, welchem Wissen aus welcher Quelle Du vornehmlich vertrauen kannst, dann stelle Dir stets diese klärende Frage: Wem nutzt es? Wem nutzt es, wenn Du gesund bist? Wem nutzt es, wenn Du finanziell unabhängig wirst? Oder andersherum gefragt: Warum sollte beispielsweise eine durch die Pharmaindustrie beauftragte Studie glaubwürdig sein, wenn ebendiese Branche aus der langjährigen Verwaltung diverser Krankheitssymptome bei Millionen Patienten den größten finanziellen Nutzen zieht? Das ist eine simple Motivfrage, wie Du sie aus Krimis kennst. So zu fragen hilft Dir dabei, die Spreu vom Weizen zu trennen, was in unserer mit Informationen überfluteten Gesellschaft zwingend notwendig ist.

E wie Einstellungen kultivieren! Bevor Du hilfreiche und vorwärts führende Einstellungen kultivierst, musst Du Deine heute noch vorherrschenden überprüfen. Die entscheidende Frage dazu lautet: unterstützt mich meine Einstellung zu x und y dabei, mein eigenes Leben positiver zu gestalten?

Falls die Antwort „nein“ lautet, gehört diese alte Einstellung ausgesondert. Die meiner Meinung nach wichtigste Einstellung ist jene, die ich unter dem Begriff „Selbstermächtigung“ zusammenfasse. Das meint: DU bist der Schöpfer Deines Lebens und handelst vollkommen eigenverantwortlich! Jedes andere Mindset hält Dich gefangen in der Opferrolle. Ein weiser Zeitgenosse brachte es einmal so auf den Punkt: Egal ob Du glaubst, Du versagst oder Du schaffst es, Du wirst in beiden Fällen Recht behalten. Wenn Du also schon glaubst, dann glaube doch lieber an das Machbare und Deine eigenen Fähigkeiten!

R wie Reduktion auf das Wesentliche! Neben der beschriebenen körperlichen Entschlackung ist die Entsorgung der mentalen Altlasten, wo Deine Reaktionsmuster auf Ereignisse der Außenwelt gespeichert sind, bedeutsam. Das macht Dich einerseits angstfrei und entspannt, zum anderen schafft es Platz für Neues in Deinem Leben, und zwar Neues, das Dich auf den von Dir bewusst gewählten Lebensweg voranbringt. Warum und vor allem wie sollte Dir das intelligente Universum neue Möglichkeiten offenbaren, wenn Du komplett „zugemüllt“ bist?

T wie Tun! Das ist die Zauberformel schlechthin, denn alles Wissen ist Ohnmacht, wenn es nicht durch adäquate Taten zum Leben erweckt wird. Allerdings meint dieses TUN nicht, stets in Aktion zu sein nach dem Motto: Bewegung ist alles und das Ziel ist nichts! Unter bewusstes TUN verstehe ich ebenso achtsames und wertfreies Beobachten, welches den wachen Geist stets inspiriert. Das wiederum ist die Voraussetzung dafür, um selbst Neues zu kreieren. Selbst das bloße, meditative Sein ist eine ganz hochwertige Form des Tuns. Je bewusster Dir die Rolle als aktiver Schöpfer Deines Lebens ist, umso klarer und im Ergebnis wirksamer wird Dein TUN auf allen Ebenen.

E wie Energiediebe verabschieden! Obwohl es Dir heute möglicherweise noch unvorstellbar erscheint, Dich von diesem oder jenem „Freund“ beziehungsweise von dieser oder jener Freundin zu trennen, so eröffnet dies eine große Chance, um das gewaltige Potenzial an neuen Möglichkeiten anzuzapfen. Denn jeder zurück bleibende „Energieräuber“ macht Platz für einen Menschen, mit dem Du auf einer Wellenlänge schwingst und der Dich deshalb energetisch bereichert statt auszusaugen! Du wächst im wahrsten Sinnes des Wortes mit den Herausforderungen, welche Menschen in Dein Leben bringen, die Du nicht in eine altbekannte Schublade packen kannst, sondern die letztlich neue Lehrer für neues Wissen und Verhalten auf Deinem veränderten Lebensweg sind.

Hier nochmal die Zusammenfassung der WERTE-Formel:
W – Wissen aneignen!
E – Einstellungen kultivieren!
R – Reduktion auf das Wesentliche!
T – TUN!
E – Energiediebe verabschieden!

Die Normalität ist eine gepflasterte Straße;
man kann gut darauf gehen -
doch es wachsen keine Blumen auf ihr.
Vincent van Gogh

Aussteigen auf „Balkonien"

Wann immer ich auf Menschen treffe, die laut über das Aussteigen aus ihrem derzeitigen beruflichen Hamsterrad nachdenken, endet diese schwärmerische Träumerei stets mit der lapidaren Feststellung: das kann ich mir sowieso nicht leisten! Warum ist das so, dass Menschen ihre Träume und tieferen Bedürfnisse unterdrücken und jedes Mal, wenn sie gerade am Strahlen sind, die verbale Notbremse ziehen mit solch einem Fazit? Könnte es sein, dass die begehrten „Trauben" scheinbar zu hoch hängen? Oder gar bewusst zu hoch gehängt wurden, um ein plausibles Alibi für das Unterlassen zu besitzen?

Bist Du irritiert aufgrund meiner Behauptung, jemand würde sich ganz bewusst selbst sabotieren? Das klingt tatsächlich etwas abwegig, könnte sich jedoch nachvollziehbar auflösen, wenn Du mir gedanklich folgst. Das Wort „Aussteigen" wird oft benutzt und pfiffige Marketing-Profis haben damit auch bestimmte „Sehnsuchts-Trigger" verknüpft. So tauchen an einem weißen Sandstrand in Hängematten schaukelnde und Caipirinha schlürfende Menschen auf, die uns die Botschaft vom Bären Baloo an den Jungen Mowgli aus dem legendären Kinderfilm „Das Dschungelbuch“ vermitteln: „Tu´s nicht wie die Bienen…überlass das Arbeiten den anderen…ruh dich schön aus!“. Viele Betrachter werden solche Bilder mögen, erinnert sie solch ein Strandpanorama an entspannte Urlaubstage im Süden. Zugleich werden aber Gedanken oder treffender Bedenken im Kopf-Kino angeschubst wie exemplarisch diese drei:

1 – Das können sich eh nur die „Reichen und Schönen“ dieser Erde leisten! Für mich ist dieses Leben leider nicht möglich…

2 – Ich weiß gar nicht, wovon ich im Ausland leben soll und eigentlich ist es eh besser zu Hause wegen meiner Familie und meinem großen Freundeskreis…

3 – Ich würde ja schon gern solch ein entspanntes und kreatives Leben führen wollen, aber meine Familie würde es ganz sicher niemals tolerieren, wenn ich meinen Job hinschmeißen und ins Ausland gehen würde …

Erkennst Du Dich darin? Zunächst sei zu diesem durchaus reizvollen Hängematten-Bild eines klar erwähnt: vergiss die Vorstellung, das Leben auf einer Südsee-Insel würde Dich automatisch glücklich machen! Es wäre nämlich auf die Dauer stinklangweilig und zudem für Körper und Geist sehr anstrengend angesichts der Dauerhochtemperaturen und vor allem einer extrem Luftfeuchtigkeit in der (Sub)Tropenzone. Zudem bringt eine Veränderung sprich Verschönerung der äußeren Lebensbedingungen gar nichts, so man mit den alten Denk- und Verhaltensmustern zu fernen Gestaden aufbricht. Wie oben bereits erwähnt, beobachte ich dies beispielsweise bei etlichen US-Amerikanern und Kanadiern, die sich als Rentner mit Vorliebe im relativ nahen und leicht erreichbaren Mittelamerika niederlassen. Ihre Hauptmotive sind das durchgängig angenehme Klima sowie die im Vergleich zu ihren Heimatländern vergleichsweise niedrigen Lebenshaltungskosten. In der Realität traf ich nur eine Handvoll pensionierter Aussteiger aus Nordamerika, die ihren Umzug in wärmere Gefilde auch dazu nutzen, um einen gesünderen und kreativeren Lebensstil zu kultivieren, was aufgrund natürlicher Gegebenheiten speziell in Mittelamerika mühelos umsetzbar ist.

Bevor wir hier gedanklich auswandern, also unsere angestammte Heimat verlassen, bleiben wir im Lande und nähren uns dort weiterhin redlich. Denn es spielt vorrangig keine Rolle, wo Du bist, sondern vielmehr mit wem Du bist und in welchem Zustand! Hier folgen einige mögliche Gründe (= Motive), die für Deinen Verbleib, sprich Ausstieg im deutschsprachigen Raum sprechen würden:

1 – Du fühlst Dich so wohl und fest verwurzelt im Familien- und Freundeskreis Deines Heimatortes, dass Du Dir ein Leben im Ausland nicht einmal vorstellen kannst und willst.

2 – Du bist zufrieden und kreativ gefordert mit Deiner Arbeit und möchtest beruflich nichts anderes mehr tun. Gleichwohl hast Du bereits einen konkreten Plan dafür, wie Du künftig weniger Stunden pro Woche – vielleicht halbtags - arbeiten kannst, um dadurch mehr Zeit für Familie und Hobbies zu haben.

3 – Du verspürst kein Bedürfnis, fremde Sprachen zu lernen und Dich in einen anderen Kulturkreis einzuleben. Dennoch verreist Du gern ins Ausland, wofür Du gern mehr Geld zur Verfügung hättest

.

4 - Du bist oft oder gar schwer krank und de facto ein Pflegefall, weshalb Du lieber in vertrauter Umgebung und kompetenter Behandlung bleiben möchtest.

5 – Du glaubst fest daran, dass Du Dich nur in Deinem Heimatland sicherfühlen sowie beruflich entwickeln und entfalten kannst, weshalb ein Auswandern für Dich prinzipiell nicht in Frage kommt.

Diese Motiv-Aufzählung erhebt natürlich keinen Anspruch auf Vollständigkeit. Sie respektiert jedoch die verschiedenen Motive von Menschen, Dinge zu tun oder zu lassen. Falls einer der aufgezählten Gründe auf Dich zutrifft, dann ist das vollkommen in Ordnung. Das Aussteigen wie ich es meine, funktioniert auch in diesen Fällen. Denn es geht stets um das „Über-G“, welches für das durch uns alle angestrebte Glück steht, gefolgt von den drei „großen G´s“ für Gesundheit, Gemeinschaft und Geld. Ich kenne niemanden, ganz egal in welchem Land dieser Erde, der krank, einsam oder arm sein möchte! Je nach Ausgangslage und eigener Priorität geht es stattdessen um eine bessere Gesundheit, Akzeptanz in der Gemeinschaft und mehr Geld zur freien Verfügung. Um das alles genießen zu können, muss man tatsächlich nicht zwingend auswandern. Voraussetzung für eine hohe Lebensqualität in heimischen Gefilden ist jedoch auch die permanente Erledigung der hier beschriebenen Hausaufgaben!

Was es alles gibt,
was ich nicht brauche.
Aristoteles

Weniger ist mehr

Die sympathische Musikgruppe „Silbermond“ aus Deutschland produzierte vor ein paar Jahren einen gut klingenden Song mit dem programmatischen Titel „Leichtes Gepäck“, dessen erste Sätze sofort alles auf den Punkt bringen: “Eines Tages fällt dir auf, dass du 99 Prozent nicht brauchst. Du nimmst all den Ballast und schmeißt ihn weg, denn es reist sich besser mit leichtem Gepäck.“ Im weiteren Text geht es dann nicht ausschließlich um physische Dinge wie „Klamotten, die du nie tragen wirst“, die wir aus diversen Gründen akkumulieren, sondern auch um „all den Dreck von gestern, all die Narben…“, also um unsere emotionalen Verletzungen, unser gespeichertes Archiv an Verhaltensmustern und Vorurteilen. Und ja, der finale Tipp fehlt in diesem Ohrwurm natürlich nicht: „Ab heut` nur noch die richtigen Dinge, ab heut` nur noch leichtes Gepäck…“. Eigentlich ist damit alles beschrieben, was zu tun ist, um sich frei und glücklich zu fühlen. Eigentlich…

Ein Bekannter fasste seine Einstellung zu unserer mit Dingen vollgestopften westlichen Welt in zwei Worte zusammen: „BB - Besitz belastet!“ Aber wo und wie fängt man mit dem „Abspecken“ an? Oder besser: wo und wie kannst Du konkret damit starten, „nur noch die richtigen Dinge“ anzupacken, um jenes Leben zu führen, das Du liebend gern führen würdest?

Ich habe einige – zugegeben wenige – Menschen kennengelernt, die das Aussteigen aus dem gewohnten Hamsterrad extrem entschlossen angingen. Extrem meint hier ohne Zwischenschritte sofort nach dem „Kronleuchter“ zu greifen! Es gibt nämlich ein Schlagwort, dass freiheitsliebende Menschen förmlich elektrisiert: Autarkie! Nach dem Motto „Wenn schon, denn schon“ schwärmen solche Zeitgenossen von vollkommener Unabhängigkeit gegenüber dem von ihnen verachteten System. Was angesichts des fortschreitenden ökonomischen und ökologischen Irrsinns auf Mutter Erde in ihrer Argumentation zunächst plausibel erscheint, entpuppt sich für Selbstdenker bei genauerem Hinschauen als reine Wunschvorstellung. Nicht nur, weil wir Menschen „Herdentiere“ sind, die – von ganz wenigen Ausnahmen abgesehen – auf soziale Interaktionen angewiesen sind. Auch und vor allem deshalb, weil die Einsiedler und „Alles-selbst-Produzenten“ schlicht ausgestorben sind!

Die seit Jahrtausenden kultivierte Arbeitsteilung hat ihre Spuren hinterlassen, speziell während der vergangenen Jahrzehnte. Es gibt einen schönen Film dazu: „Der letzte Trapper“. Er handelt von einem älteren Fallensteller, der gemeinsam mit seiner indianischen Frau in der kanadischen Wildnis lebt. Dort lässt sich bestaunen, wie man sich bei entsprechender Geschicklichkeit und Anspruchslosigkeit ohne gesellschaftliche Zwänge und Verwaltung durchs Leben schlägt. Obwohl der Film allein aufgrund seiner atemberaubenden Naturbilder eine romantische Note trägt, bleibt dem achtsamen Zuschauer jedoch das eigentliche Problem dieses Aussteigers nicht verborgen: seine relative Abhängigkeit! Natürlich baut der Trapper mit seiner Frau sein neues Holzhaus selbst, nachdem beide in ein anderes Jagdrevier umgezogen sind. Aber womit? Genau, mit Metallwerkzeugen, die er in der nächstgelegenen Siedlung kaufte, und zwar von jenem Geld, das er im selben Ort für seine abgelieferten Pelze erhielt! Ebenso verhält es sich mit den Fensterscheiben, die das kleine Blockhaus heller machen und zugleich vor Wind und Kälte schützen – der Trapper kann Holz fällen, es geschickt bearbeiten und im Baukastensystem zu einem Haus stapeln.

Er kann Fallen bauen und Tierfelle gerben. Er kann auch jagen und mit seiner Frau Beeren, Kräuter und essbare Wurzeln sammeln. Aber ein Glashersteller ist er deshalb nicht auch noch! Ach so, und beinahe hätte ich die wichtigste Botschaft für all jene „Autarkie-Anstreber“ vergessen: Auch wenn ihr „eure“ Immobilie vielleicht ganz ohne Bankkredit rechtssicher gekauft oder bereits komplett bezahlt habt, vergisst euch „Vater Staat“ ganz sicher nicht und sendet euch jedes Jahr einen Grundsteuerbescheid! Als Bezahlung akzeptieren die Behörden aber keine Pelze oder andere Naturalien, wenn Du verstehst, was ich meine…

Was kann Dir diese Geschichte mitteilen? Nun, zum einen das: Aussteigen meint nicht zwangsläufig ein Einsiedlerleben führen zu müssen. Andererseits solltest und musst Du auch nicht auf jene Segnungen der modernen Welt verzichten, die bereits da und lediglich Ausdruck unserer menschlichen Kreativität sind. Wie sagten es unsere Eltern so treffend: man muss das Rad nicht neu erfinden. Was wir jedoch lernen dürfen ist vielleicht, es anders in unserem Sinne zu nutzen. So, wie es ein Freund tat, der sein Wissen als Ingenieur dazu nutzte, um sich im begehrten Speckgürtel von München ein modernes Haus bauen zu lassen, in dem die Stromversorgung komplett über Solarenergie und mittels Geothermie sichergestellt wird und er sogar noch bezahlten Strom ins örtliche Netz einspeisen kann. Allein dadurch reduziert er seine monatlichen Unterhaltskosten enorm. Trotz weiterer Optimierungen in seinem Refugium vermag aber auch er nicht, gänzlich ohne „Wohnnebenkosten“ auszukommen. In jedem Fall ermöglicht es ihm sein beinahe autarkes, vollständig aus angespartem Geld und ohne Bankkredite gebautes Eigenheim jedoch, nur noch das zu tun, was er wirklich tun will, nämlich basteln! So entwickelt er von zuhause aus ganz ohne finanziellen Druck und mit viel Leidenschaft technische Finessen, die bei bestimmten Firmen großen Anklang finden. So also kann es gehen mit dem Ausstieg im Heimatland.

Man soll weder annehmen noch besitzen,
was man nicht wirklich zum Leben braucht.
Mahatma Gandhi

Umziehen oder Abbrennen?

Nun ist mir klar, dass nicht jeder Leser ein findiger Ingenieur mit entsprechend hohem Einkommen ist, weshalb ich hier einen Gang herunter schalte, und zwar in eine „breitere Realität". Kennst Du den folgenden Spruch? Dreimal umgezogen ist wie einmal abgebrannt! Falls nicht, erkläre ich ihn kurz. Häufige Ortswechsel mit „Sack und Pack" sind in unserer modernen Arbeitswelt, die zuallererst Flexibilität von Arbeitnehmern verlangt, mehr Regel denn Ausnahme. Egal, wie schön man es sich in seiner Mietwohnung eingerichtet hatte, wenn der Umzugstermin naht, muss alles eingepackt, abgebaut, auseinandergeschraubt und Überflüssiges entsorgt werden. Dabei entstehen üblicherweise Kollateralschäden. Möglicherweise werden Möbelstücke zerschrammt, Halterungen abgebrochen, empfindliche Technik beschädigt oder Einzelteile gehen in der Umzugshektik schlicht verloren. Nach einem dreimaligen Umzug ist also schon rein statistisch davon auszugehen, dass etliches Inventar ersetzt werden muss, was kostenmäßig einer Totalzerstörung wie eben durch einen Brand nahekommt. Ok, das ist vielleicht überzeichnet, jedoch liegt auch hier wieder in der Übertreibung die bessere Anschaulichkeit.

Was bei einem Umzug aber besonders offensichtlich wird, ist die unglaubliche Menge an Dingen, die man über die Jahre angehäuft hat. Richtig schlimm wird es aber, wenn Du einen großen Keller auszuräumen hast und Dich erstaunt fragst, wie all das Zeug dort hinein kam. Wir Menschen aus der Überflusswelt neigen dazu, uns systematisch zuzumüllen. Hier gilt die Regel, je größer der Keller desto mehr wird dort gelagert. Und warum? Aus einer Urangst heraus, es könnte für uns nicht reichen und deshalb müssten wir alles aufheben, da man ja nie weiß, wofür man es noch brauchen könnte…

Da ist sie wieder, unsere „Akkumulationskrankheit", die so gar nicht zum Ziel „Weniger ist mehr!" passt. Entschlacken ist auch hier angesagt.

Regelmäßige Entrümpelungen werden von den Kommunen angeboten und Du solltest sie nutzen, um Dich auch von solcherart Altlasten zu befreien. Noch einfacher ist es, in eine kleinere Wohnung zu ziehen, die sowohl kostengünstiger als auch weniger „vermüllungsgefährdet" ist. Damit wird dem Anhäufungsdrang automatisch die physische Grundlage entzogen. Von dort aus kannst Du übrigens auch mühelos mit leichtem Gepäck reisen, wohin es Dich auch ziehen mag. Ich kenne andererseits viele Menschen, die sich de facto zum Sklaven ihres Besitzes machen, und das nur, weil doch das von ihnen bewohnte Haus ein Familienerbstück ist und man es doch nicht so einfach verkaufen kann. Doch, kann man! Und man sollte es auch tun, wenn es sich um ein älteres Gemäuer handelt, das von Jahr zu Jahr mehr Erhaltungsaufwand einfordert. Ein befreundetes Ehepaar tat genau dies und trennte sich von Haus und Hof, um in eine kleine, aber komfortable Wohnung in ruhiger Lage zu ziehen. Anfänglich noch etwas befangen von der Konsequenz dieser Entscheidung, spürten sie zunehmend die Befreiung von dieser versteckten, vor allem psychischen Last. Inzwischen überwiegt die Freude an den sich damit eröffneten Möglichkeiten. Beginnend mit der hohen Liquidität aus dem erhaltenen Verkaufspreis, der sämtlichen finanziellen Druck von ihren Schultern nimmt, über die für sich und die Familie gewonnene Lebenszeit bis hin zum erhöhten Bewegungsradius, der kürzlich im Kauf eines Wohnmobils gipfelte, mit dem sie oft durch die Lande touren. Diese beiden leben ein von physischen und emotionalen Lasten weitestgehend entschlacktes Leben, was für Außenstehende zu Recht als glücklich wahrgenommen wird.

Weniger ist mehr charakterisiert für mich einen beschriebenen Umzug von „oben nach unten" als einen wichtigen Baustein im ganzheitlichen Ausstiegsszenario. Allein dadurch erhöhst Du Deine Flexibilität, um auf abrupte Veränderungen – sei es von außen einwirkend oder von Deinen eigenen Intentionen angetrieben – angemessen reagieren zu können. Ein Umzug von „oben nach unten" heißt übrigens keineswegs, dass Du auf Wohnkomfort verzichten musst. Aber mal ehrlich – was brauchst Du denn tatsächlich? Zunächst ein Dach über dem Kopf, Wärme in der kalten Jahreszeit und ein ruhiges Umfeld, das Dich gesund schlafen lässt. Brauchst Du hingegen 250 Quadratmeter Wohnfläche für Dich und Deinen Partner, so ihr nicht gerade ein halbes Dutzend Kinder habt? Wohl kaum, es sei denn, Du bist ein sogenannter „Messi"…

Der positive Nebeneffekt solch eines „Abspeckens" ist das damit verbundene Einsparpotenzial – es wird noch mehr Geld frei für den neuen Lebensplan. Natürlich fällt einem Single solch eine Entscheidung rein technisch leichter, da er auf niemanden weiter Rücksicht nehmen muss und sowieso die meiste Zeit außerhalb seiner vier Wände verbringt, also auf Arbeit oder mit Freunden. Das heißt jedoch nicht, als Familie auf solch eine Strategie verzichten zu müssen, was ich Dir aus dem täglichen eigenen Erleben versichern darf. Dieser Punkt geht sogar in die Verlängerung, denn je konsequenter Du Deinem eigenen Weg folgst, umso schneller wirst Du Dir Deinen Wohnplatz nicht mehr nach dem Bedarf Deines Arbeitgebers aussuchen, sondern die von Dir favorisierte Tagesbeschäftigung nach Deinem bevorzugten Wohnort! Vermagst Du Dir das vorzustellen? Falls ja - wie fühlt sich das an?

Mit meiner Frau und unserer jüngsten Tochter lebe ich heute in Mittelamerika. Zuvor zogen wir nach Atlantik-Kanada um, wo wir ein Haus mit recht großem Grundstück erwarben und noch etliche vertraute Dinge aus Deutschland in einem Container überführten. Obwohl wir schon viel Mobiliar und etliche Dinge wie Spielzeug, Technik und Bücher in unserer angestammten Heimat zurückließen, erschraken wir dennoch beim Beladen des kleinen 20-Fuss-Containers, weil dieser trotzdem recht voll wurde. In Kanada akkumulierten wir kaum noch Dinge und dennoch war es eine Heidenarbeit, sich von noch mehr Dingen zu trennen, als wir uns von dort aus gut zwei Jahre später nach Panama aufmachten. Meine Frau und ich waren uns einig, dass wir nur noch mit Koffern in den Süden reisen und wirklich alles außer persönlicher Kleidung sowie ausgewählten Büchern und Spielsachen zurücklassen würden! Es gab natürlich Momente des Zweifelns, ob das vielleicht doch zu minimalistisch sein könnte, aber unser Urvertrauen siegte schlussendlich und wir bestiegen die Flieger mit leichtem Gepäck. Bereits nach kurzer Zeit fühlten wir die Freiheit und Beweglichkeit, die unsere konsequente Entscheidung der „Entschlackung" nach sich zog. Wir besiegten die unterschwellige Angst, irgendetwas vergessen zu haben, das wir eventuell dringend brauchen könnten und wählten das partiell Ungewisse. Wir haben es nicht bereut und vermissen nichts, auch wenn wir „nur" zur Miete in einem passend dimensionierten Haus wohnen, in dem uns nur unsere persönlichen Mitbringsel gehören – so fühlt sich Freiheit an!

Die Menschen verstehen nicht,
welch große Einnahmequelle in der Sparsamkeit liegt.
Marcus Tullius Cicero

(Ein)Sparpotenziale heben

Wir sind jetzt bei Dir und Deiner persönlichen Ausgangslage. Um zu erkennen, wo und wie Du Dinge und Verbindlichkeiten beziehungsweise unliebsame Verpflichtungen aus Deinem Lebensrucksack entfernen kannst, stelle Dir bitte folgende Fragen:

Lebe ich aktuell über meine finanziellen Verhältnisse?
Es ist bei der ehrlichen Beantwortung dieser Frage wichtig, dass Du keine grobe Schätzung abfeuerst, sondern Dir die Zeit für etwas persönliche Buchführung nimmst! Das meine ich ernst, denn andererseits tappst Du nur im Nebel herum und wunderst Dich vielleicht wiederkehrend, warum am Ende des Geldes noch so viel Monat übrig ist. Über einen Zeitraum von mindestens drei, besser sechs Monaten solltest Du alles aufschreiben, was Du wofür ausgibst. Vorteilhaft für ein realistisches Ergebnis ist es, speziell in dieser Selbstüberwachungsphase auf Kreditkartenzahlungen bei Dingen des täglichen Bedarfs zu verzichten, da sonst das Ergebnis verzerrt wird. Nach einigen Monaten ermittelst Du den Durchschnitt und setzt ihn ins Verhältnis zu Deinem Gehalt beziehungsweise Netto-Einkommen. Dann hast Du die unbestechliche Antwort der Mathematik auf diese Frage!

Wofür gebe ich durchschnittlich das meiste Geld aus?
Grundsätzlich ist und bleibt es natürlich Deine Sache, was Du mit Deinem - wie auch immer hohen - Verdienst anstellst. Auch bei dieser Frage geht es nicht um Klischees, sondern um die Ermittlung von Fakten. Umso mehr, als „Shopping" heute bei vielen jungen Menschen den Status eines Hobbys oder zumindest Zeitvertreibs besetzt hat. Die Antwort darauf ist sozusagen

ein „Abfallprodukt“ des Resultats von Frage eins, da die Buchführung nicht nur die ausgegebenen Summen, sondern ebenso das Wofür detailliert erfasst.

Wie hoch sind meine Guthaben im Verhältnis zu meinen Verbindlichkeiten?

Kurz zur Definition von Verbindlichkeiten: dazu zählen all jene Beträge, die Du privaten und institutionellen Kreditgebern wie Banken oder Kreditkartenfirmen schuldest. Auf der Gegenseite Deiner kleinen Bilanz stehen dementsprechend Deine Spar- und Lebensversicherungsguthaben sowie die Realinvestments wie Immobilien, Edelmetalle und Unternehmensbeteiligungen. Bitte sei nicht zu großzügig bei der persönlichen Werteinschätzung Deiner Immobilie(n)! Erst recht nicht, wenn noch ein Kredit daran gekoppelt ist, denn was aus Deiner emotional befangenen Sicht als stolzer Besitzer (= Besetzer) einem Palast gleicht, ist für die finanzierende Bank bei der Sicherheitseinstufung eher eine Hundehütte. Leider sind die meisten Deutschen so „steinverliebt“, dass sie diese einfache Wahrheit gern ignorieren. Erst dann, wenn der Kittel richtig brennt und die Hypotheken-Raten beispielsweise aufgrund plötzlicher Arbeitslosigkeit nicht mehr beglichen werden können, kommt diese simple Tatsache oft im Rahmen einer Zwangsversteigerung ans Tageslicht. Das ist auch vollkommen logisch. Schließlich gehört es zum Basiswissen eines noch so kleinen Investors, dass der Gewinn stets im günstigen Einkauf liegt. Insofern ist also des einen Leid des anderen Freud.

Ja, ganz genau, die ehrliche Beantwortung dieser Fragen für die präzise Ermittlung Deines Status Quo war jetzt schon wieder eine Hausaufgabe. Eine sehr nützliche, denn nach ihrer Erledigung weißt Du genau, wo Du stehst. Je nach Resultat gilt es dann, folgende Entscheidungen für Deine Zukunft zu treffen, was ich wiederum als Frage an Dich formuliere:

Wie viel Geld ließe sich ohne Verzicht auf Lebensqualität monatlich einsparen?

Diese Frage lässt sich thematisch zerlegen, zum Beispiel so: Wie groß ist das Einsparungspotenzial bei den oben erwähnten legalen Drogen, also Tabakwaren und Alkohol? Reicht vielleicht mein Bestand an

Schuhen, Hosen und Blusen oder T-Shirts längst aus und ich brauche vorerst nichts Neues mehr, das Schränke und Kommoden verstopft? Welche Versicherungen habe ich und vor allem brauche ich wirklich? Mit zunehmender Angstfreiheit wirst Du ein schwindendes Bedürfnis verspüren, alles und jedes zu versichern! Speziell das Assekuranzgeschäft ist ein Geschäft mit diversen „Was-wäre-wenn-Ängsten", die uns von gut geschulten Vertretern bildhaft aufgezeichnet werden, damit wir auch noch die x-te Police in unseren fetten Versicherungs-Ordner heften. Ich traf vor einigen Jahren eine junge, sehr liebenswürdige, noch allein lebende Frau, die hatte gleich eine Handvoll Lebensversicherungsverträge, und dies nur aus einem einzigen Grund: sie konnte einfach nicht „nein" sagen zu dem netten Versicherungsvertreter!

Um Dich auch hier wieder anzuregen, auf die richtigen Dinge zu schauen, folgt nun eine Zusammenfassung jener alltäglichen Einsparmöglichkeiten, die ich selbst über die Jahre entdeckte und konsequent nutze:

a) Einen Berg voller Versicherungen benötigst Du nur noch, falls Du weiterhin kein Vertrauen in Deine Zukunft und in das Leben selbst hast! Wobei es sich dann nur um Dein individuelles Wohlgefühl, keineswegs jedoch um Sicherheit handelt, so wie Du sie gern für alles in Anspruch nehmen würdest. Solltest Du jedoch tatsächlich konsequent aussteigen aus dem Mainstream-Modell im Inland, so kannst Du Deine privaten Versicherungen auf jene drei beschränken: eine private Haftpflichtversicherung für die Familie, die für den Fall eingreift, dass ein Familienmitglied jemandem unabsichtlich Schaden an Leib und Eigentum zufügt; die Kfz-Versicherung für Fahrzeughalter ist zwar in Deutschland obligatorisch, jedoch hast Du Gestaltungsspielraum, um die Prämie zu senken, und zwar im Kasko-Bereich – wähle stets eine hohe Selbstbeteiligung! Drittens ist es durchaus akzeptabel und auch relativ preiswert, wenn Du als Familienoberhaupt und „Einkommens-Schwergewicht" eine so genannte, nicht Kapital bildende „Risikolebensversicherung" abschließt, um vor allem im Falle Deines plötzlichen Ablebens zum Beispiel durch einen Arbeits- oder Auto-Unfall Deiner Frau und Deinen Kindern mindestens so viel Geld zurückzulassen, dass alle Schulden sofort bezahlt sind. Die Krankenversicherung habe ich zunächst außen vor gelassen, da die Mehrheit gesetzlich versichert ist.

Solltest Du allerdings eine private Krankenversicherung nutzen, dann gilt das Gleiche wie für die Auto-Versicherung: nutze einen hohen Selbstbehalt, um die monatliche Beitragsprämie zu reduzieren! Da Du ja meine obigen Hinweise zum Erhalt und zur Verbesserung Deiner Gesundheit verstanden hast und hoffentlich umsetzen wirst, kannst Du - wie ich es viele Jahre tat - ohnehin von den jährlichen Rückerstattungen der privaten Krankenkasse profitieren, da Du deren Leistungen schlicht nicht mehr in Anspruch nimmst!

b) Sich bewegen bringt Segen und jeder Gang hält schlank! So sagt der Volksmund und meint damit keinesfalls die Fortbewegung im Auto. Es soll tatsächlich Menschen geben, die mit dem Auto zum Supermarkt an der nächsten Ecke fahren. Und dies nur, weil sie zu bequem sind, sich zu bewegen. Nun ist das ja hoffentlich nicht (mehr) Dein Thema, aber auch hier steckt durchaus Einsparpotential drin, ist doch Benzin in Mitteleuropa sehr teuer. Überlege also jedes Mal, wenn Du etwas zu erledigen hast, ob es sinnvoll ist, deshalb den Sprit fressenden Motor anzuwerfen! Gerade als Stadtmensch verfügt man über eine dichte Infrastruktur und die Chance, vieles per pedes zu erledigen. Und natürlich ist es für Stadtbewohner generell überlegenswert, alles mit öffentlichen Verkehrsmitteln zu erledigen, was dann noch viel mehr als nur Benzin spart.

c) Schreibe Dir regelmäßig Einkaufslisten! Und zwar nicht, weil Du grundsätzlich vergesslich bist, sondern damit Du Geld beim Einkaufen sparst. Gehörst Du noch zu jenen Menschen, die wegen irgendeiner Kleinigkeit „mal schnell zur Tanke“ um die Ecke gehen oder gar fahren? Dann verschwendest Du Geld, denn es dürfte Dir vielleicht aufgefallen sein, dass die gleichen Produkte in einem Supermarkt oft erheblich billiger zu kaufen sind als im Tankstellen-Shop, der weniger vom Tanken als vielmehr vom Shop-Umsatz lebt. Da wir gerade beim Einkaufen sind: es gilt bei vielen Leuten als ausgemacht, dass Produkte im Bio-Markt immer teurer sind als jene im normalen Supermarkt. Deshalb kenne ich etliche Zeitgenossen, die dies als Begründung nehmen, auf saubere Lebensmittel zu verzichten. Schließlich können sie es sich nicht leisten, Bio-Qualität zu kaufen. So jedenfalls denken sie. Was würdest Du sagen, wenn ich hier behaupte, dass es letztlich günstiger ist, im Bio-Markt einzukaufen als beim Discounter? Klingt komisch für Dich? Ok, dann lass Dir meinen Gedankengang erklären: meine Inspirationen zum ganzheitlichen Ausstieg beinhalten besonders die gesundheitliche Komponente. Auch in diesem Segment ist weniger nämlich mehr! Hochwertige, lebendige Nahrung vermag Dich bereits in überschaubarer Menge zu sättigen, denn Deine Zellen bekommen „guten Stoff" zur Energieerzeugung und schreien nicht permanent nach mehr. Erhalten Deine Zellen die für ihre optimale Funktion notwendigen Nährstoffe, so treiben sie Dich abends nicht ein weiteres Mal zum Kühlschrank oder zur Chips-Tüte. Du schaffst es also mit weniger Gutem aus dem Bio-Markt jene Lebensenergie zu erzeugen, die Dich geistig und körperlich gesund hält. Ergo brauchst Du nicht mehr so viel „totes Zeug" in Deinen Einkaufswagen beim Discounter zu werfen, was sich wiederum in Deinem Geldbeutel bemerkbar macht. Probier´s einfach aus!

d) Reduziere Deine Abhängigkeiten sprich Süchte! Hast Du mal ausgerechnet, was ein Raucher so pro Jahr in die Luft bläst? Zugegeben, ich bin bei den Preisen in Deutschland für eine Schachtel „Glimmstengel" nicht auf dem Laufenden, unterstelle jedoch durchschnittlich um die 6,50 Euro für eine Packung Zigaretten. Nun weiß ich aus Beobachtungen und Berichten, dass sich die rund 20 Zigaretten in solch einer Schachtel bei einem eingefleischten Raucher mühelos an einem Tag in Luft auflösen. Der Konsum von Zigaretten schwillt bei Partys und geselligem Beisammensein mit Gleichgesinnten eher noch an, weshalb ich für meine folgende Zahl die Wochenenden voll einrechne. So kommen wir also in nur einem Jahr Tabak-Konsum auf die stolze Summe von 2.372,50 Euro oder 197,70 Euro pro Monat. Wenn das kein Deal ist: Du verbesserst als (werdender) Nichtraucher Dein Wohlbefinden, Deine Gesundheit und erhältst als Belohnung 2.372 Euro pro Jahr zur freien Verfügung! Nun, wie oben schon erwähnt kommen noch die täglichen „Drogen" Alkohol und Kaffee in allen Varianten dazu, wenn es um Einsparpotenzial geht. Je nach Sorten und Trinkgewohnheiten dürfte hier wohl mindestens noch einmal solche Summe wie beim Rauchen zusammenkommen. Mit gut viereinhalb tausend Euro pro Jahr lässt sich einiges mehr bewerkstelligen, findest Du nicht? Wenn es Dir also ernst ist mit dem Hamsterrad-Ausstieg gehören eben auch die „guten" alten Gewohnheiten auf den Prüfstand. Du allein bestimmst das Tempo Deiner Metamorphose. Ich kann Dir hier nur „gnadenlos“ das ganzheitliche Potenzial verdeutlichen.

e) Gute (Hör)Bücher statt seichter Unterhaltung! Wenn Du schon nach Tipps oder Inspirationen suchst, dann kaufe zielgerichtet und nach Bedarf anspruchsvolle, praxisbezogene Bücher statt regelmäßig Zeitungen, Zeitschriften oder bunte Magazine, die Du eher aus Langeweile oder Ablenkung durchblätterst. So gewinnst Du erneut mehr Zeit für Dich und sparst auch hier wieder Geld ein.

f) Das Leben ist ein Abenteuer, kein Maskenball! Ja, ich weiß sehr wohl, dass ich jetzt ein heißes Eisen anpacke. Ersparen möchte ich es Dir trotzdem nicht, birgt es doch gewaltiges Einsparpotenzial: Klamotten und Schuhe! Ich selbst wetzte jahrelang als „Pinguin“ durch die Botanik, stets mit Anzug und Schlips. Es gehörte zur Rolle des „seriösen Finanzberaters“, die ich damals noch spielte. Da es alle Kollegen so taten, hielt auch ich es für normal. Irgendwann realisierte ich dann, dass es viel mehr auf Inhalte als auf Äußerlichkeiten ankommt. Von da an speckte ich auch mein Klamotten-Budget ab und schaltete in den „Wohlfühl-Modus“ um. Mir war es nicht mehr wichtig, wie die anderen meinen Stil bewerteten, denn ich wollte mich einfach nicht mehr verbiegen, sondern mich mit mir selbst wohlfühlen und authentisch sein. Es ist in Ordnung, wenn Du Dir Sachen kaufst, die Dir im Laden auf Anhieb gefallen, die Du Dir also nicht „schön gucken“ musst, weil sie Dich sozusagen von der Kleiderstange aus anspringen. Nur könntest Du Dich auch hier an das Prinzip „Weniger ist mehr“ erinnern und vor jeder anfallenden Kaufentscheidung fragen: brauche ich das wirklich? Wenn Du eine Frau bist, dann lass Dir bitte hier eines verständnisvoll aber deutlich sagen: es interessiert niemanden, ob Du jeden Tag andere Schuhe oder eine neue Bluse anziehst, niemanden! Umso weniger, wenn Deine Ausstrahlung hinter der nett ausschauenden Maskerade nicht authentisch ist. Dieses „Verkleidungs-Problem“ verschwindet beinahe automatisch mit Deiner inneren Verwandlung, und hat den schönen Nebeneffekt des Geldsparens.

g) Eine kurze Erinnerung sei noch angefügt: Umziehen! Ja, es kann in vielerlei Hinsicht befreiend sein, den Ort zu wechseln. Nicht nur wegen eines neuen Jobs oder um neue Menschen in sein Umfeld zu ziehen, sondern auch um Geld zu sparen. Ausführlich behandelte ich dieses Thema bereits, nur bitte prüfe genau, ob Du Dir das jetzige Wohngefühl samt der dazu gehörigen Fläche leisten kannst und auch musst! Einige hundert Euro pro Monat mehr oder weniger für´s Wohnen machen für viele Menschen schon einen gewaltigen Unterschied, oder? Ich selbst lebte während meiner „Selbstfindungs-Phase" in einer hübschen kleinen und vollständig möblierten Wohnung im Zentrum von Berlin zu einem überschaubaren Preis. Dort fühlte ich mich wohl und vermisste überhaupt nichts. Das so frei gewordene Geld nutze ich, um ausgiebig zu verreisen und meinen Horizont zu erweitern, sozusagen als Vorstufe zum internationalen Ausstieg.

Einige ergiebige Einsparungspotenziale habe ich hier angeregt – Du wirst weitere finden, so Du natürlich willst. Bitte verwechsle das bewusste Geldausgeben nicht mit „chronischem Geiz", denn hier geht es um die Erzeugung einer hohen Lebensqualität bei gleichzeitiger Reduzierung der überflüssigen Ausgaben. So genannte „Geizhälse" sparen aus ihrem Mangelbewusstsein heraus an allem und gönnen weder sich noch anderen etwas. Klar soweit?

Machen wir weiter mit den wesentlichen Fragen:

Muss ich unbedingt Kredite aufnehmen?

Ok, die Frage ist zugespitzt. Selbstverständlich musst Du das nicht! Aber - schon wieder ein aber - wer bezahlt heute noch „sein" Haus oder Auto oder selbst größere Möbelstücke in bar? Die allerwenigsten Käufer, richtig? Ergo ist die Nutzung von Krediten, vor allem bei den aktuell verlockend niedrigen Zinsen, durchaus üblich. Ich will darauf hinaus, dass Du Dich einfach fragst, ob Du die von Dir begehrten Dinge tatsächlich brauchst, um Dich glücklicher zu fühlen? Wenn weniger mehr ist, warum dann nicht günstig mieten oder mit den öffentlichen Verkehrsmitteln zur Arbeit fahren? Sich dafür zu entscheiden verlangt von Dir, konsequent selbstbewusst zu bleiben oder zu werden. Es sei denn, Du möchtest ein großes Haus und einen schicken Schlitten vorrangig deshalb kaufen oder besser finanzieren, um Dein soziales Umfeld zu beeindrucken? Zu solcherart Verhalten gibt es einen kecken Spruch, der auch Dir bestimmt geläufig ist: Es gibt Menschen, die kaufen ein großes Haus mit Geld, das sie nicht haben, um jene Leute zu beeindrucken, die sie nicht leiden können…

Kann ich konsequent die Disziplin aufbringen, jeden Monat mindestens zehn Prozent meines Netto-Einkommens beiseite zu legen?
Ein bekannter Self-made-Milliardär sagte einmal: reich wird man nicht durch das Geld, das man verdient, sondern durch jenes, welches man nicht ausgibt! Zehn Prozent des Einkommens regelmäßig wegzulegen ist nicht mit der Pflicht verbunden, sich dafür komplizierte Investmentstrategien auszudenken und diesen Überschuss für lange Zeit in irgendwelchen Sparplänen oder kapitalbildenden Versicherungen „festzunageln". Stattdessen geht es darum, ein wachsendes GEFÜHL für Geld und Wohlstand zu entwickeln. Dazu zählt auch, stets ausreichend Bargeld im Portemonnaie zu haben, da es einerseits den Einsatz der teuren Kreditkarte erübrigt und zum anderen neues Geld anzieht. Ja, Du hast richtig gelesen – so wie Mangeldenken eben Mangel manifestiert, so wirkt viel Geld wie ein Magnet für mehr Geld!

Falls Du jetzt vermutest, ich schreibe hier ein „Sparbuch" mit den üblichen Phrasen über „Spare in der Zeit, dann hast Du in der Not" vor allem für einen finanziell abgesicherten Lebensabend, dann urteilst Du vorschnell, denn wir befinden uns in einem ganz wesentlichen Abschnitt Deiner Befreiung aus dem Alltagstrott! Du hast nämlich in puncto finanziellen Spielraum genau drei Optionen:

1 – Du reduzierst Deine zahlreichen Bedürfnisse, um mit Deinem begrenzten Verdienst über den Monat zu kommen!
2 – Du erweiterst Dein Portemonnaie entsprechend Deiner Bedürfnisse und dem ersehnten Lebensstil!
3 – Du verbindest in optimaler Weise beides miteinander!

Punkt drei ist hier unser Thema. Allerdings fokussiere ich mich hier auf das ganzheitliche Reduzieren, auf das reichhaltige Weniger im Leben, das ein massiv unterschätztes Potenzial in sich birgt. Detaillierte Finanzstrategien findest Du in meinem Vorläufer-Buch „Vom System-Opfer zum Wohltäter". Noch wichtiger als so schnell wie möglich ein Profi-Investor zu werden ist es meiner Erfahrung nach, seine Verbindlichkeiten loszuwerden. Denn wer in der Schuld ist, der ist nicht frei und muss weiter im Hamsterrad strampeln. Oft so lange, bis er erschöpft und krank dort herausfällt und am Pflegetropf hängt. Merkst Du es? Richtig, es geht immer wieder um die Übernahme der Eigenverantwortung. Sie allein führt zu einem selbstbestimmten Leben mit hohem Freiheitsgrad.

Hier ein weiteres Beispiel zur Illustration. Sehr wahrscheinlich hast auch Du schon mal mit einem hartleibigen und lustlosen Mitarbeiter einer deutschen Behörde zu tun gehabt, oder? Und vielleicht hast Du Dich dabei gefragt, warum er Dich wie eine Nummer behandelt und Dir den Eindruck vermittelt, dass ihm sein Job absolut keinen Spaß macht? Die Antwort für solches Verhalten im Einzelfall kann ich natürlich nur vermuten. Es liegt jedoch nahe, dass diese Person weit entfernt vom eigenen Glück vor sich hin vegetiert und die unbefriedigende Arbeit nur erduldet, weil sie halbwegs gut und pünktlich bezahlt wird. Aus meiner langjährigen Praxis in der strategischen Finanzplanung weiß ich allerdings, dass speziell öffentlich Bedienstete in Deutschland sehr leicht an Bankkredite herankommen. Das ist eine Verlockung, der sie nur selten widerstehen können. Vorzugsweise werden natürlich das „eigene" Heim und Autos finanziert. Einmal in dieser Spirale der Anhängigkeit verfangen, fällt es vielen Staatsdienern schwer, von heute auf morgen auszusteigen. Trotz gesundheitlicher Probleme versucht man sich dort bis zur – möglicherweise vorzeitigen – Pensionierung durchzuschlängeln und damit den Hauskredit doch noch abzubezahlen. Diese Beobachtung ist keine Verurteilung. Sie soll Dir lediglich verdeutlichen, wie sich finanzielle Anhängigkeiten sowohl aus der Verdienstquelle als auch durch Kreditaufnahme langfristig auswirken und einen Plan zum systematischen Aussteigen, wie er hier entwickelt wird, verhindern.

Starte also mit den einfachen, jedoch extrem wichtigen Sachen, die ich hier in alphabetischer Reihenfolge als merkwürdige – also als würdig, sich zu merken – „ABC-Formel" zusammengefasst habe:

A...wie Ausgaben reduzieren: Frage Dich jedes Mal, wenn Du etwas außerhalb des Lebensmittelsektors zu kaufen beabsichtigst, ob Du es wirklich brauchst und es tatsächlich dazu führt, Dich gesünder und glücklicher zu fühlen? Du kannst diese Frage noch um eine „kaufmännische“ Komponente erweitern, indem Du den geplanten Kauf in diese zwei Kategorien unterteilst: Konsumausgabe oder Investition?

Was kennzeichnet eine Konsumausgabe? Das ist recht leicht zuzuordnen: Du gibst Geld für Verbrauch aus, also für etwas, das Du kurz- bis mittelfristig „verschleißt“ und was an (Gebrauchs)Wert verliert. Dazu gehören neben notwendigen Lebensmitteln vor allem Klamotten einschließlich Schuhe, Haushaltswaren, Unterhaltungselektronik und auch Automobile, ganz egal wie „edel“ sie auch ausschauen.

Und ja, damit Du diesbezüglich keine Illusionen hast, sei unbedingt erläutert, warum auch Dein selbst bewohntes Eigenheim zuallererst ein Konsumgut ist. Sehe ich Dich skeptisch dreinblicken angesichts meiner vermeintlich kühnen These? Verständlich wäre es für mich, denn Jahrzehnte lang wiedergekäute und clever klingende Werbeparolen, die das eigene Heim zur besten „Altersvorsorge“ hoch stilisierten, in dem man „mietfrei“ wohnen könne, haben ihre Spuren in der deutschen Denkstruktur hinterlassen. Der Grund für meine Behauptung lässt sich in einem Wort zusammenfassen: Verschleiß! Im deutschen Steuerrecht hat man sogar ein „Zauberkürzel“ dafür kreiert, nämlich „AfA“, was ausgeschrieben „Abschreibung für Abnutzung“ bedeutet. Was zunächst rein steuertechnisch – zumindest für professionelle Immobilieninvestoren, die Du nicht mit Eigenheimbesitzern gleichsetzen darfst – vernünftig und fair gegenüber Immobilienkäufern daherkommt, hat einen realen Hintergrund: Ein Haus, das bewohnt und tagein tagaus der wechselnden Witterung ausgesetzt ist, verbraucht sich! Je nach Bauqualität werden früher oder später Neuausgaben fällig, ob für Außenputz, für´s Dachdecken oder die Trockenlegung des Kellers. Von Begleitkosten wie für Anliegerstraßensanierung, Kanalisationserneuerung oder Grundsteuererhöhungen ganz abgesehen. Für alles hat der Immobilieneigentümer zu zahlen.

Was hingegen sind dann Investitionen? Damit tituliere ich jene Ausgaben, die das Potenzial besitzen, sich zu mehren! Womit ich nicht ausschließlich aber auch finanzielle Werte meine, denn zuerst solltest Du immer in Dich selbst investieren. Was Du demnach an Zeit und Geld in Deine Weiterbildung, in Deinen Erkenntniszuwachs steckst, das ist ganz eindeutig eine Investition, die sich mittel- und langfristig auszahlen wird. Weiterbildung beginnt schon mit der Teilnahme an einem Workshop zu einem Thema, das Dich brennend interessiert – die Eintrittsgebühr darfst Du einer Investition zuordnen! Wie schon erwähnt ist es hilfreich, auch darüber Buch zu führen. Damit verschaffst Du Dir zum einen Klarheit und andererseits erfüllt dieses schriftliche Fixieren die Funktion einer Entscheidungshilfe.

Eine weitere Investition könnte auch der Kauf eines Laptops oder PC sein, wenn Du damit beabsichtigst Geld zu verdienen, anstatt Deine Lebenszeit mit hektischen Videospielen zu vergeuden. Allein Deine tiefgründige Intention vermag bereits den Unterschied zu machen zwischen Konsum und Investition.

Finanzielle Investitionen kannst Du grob in drei Kategorien unter-scheiden, die ich kurz erläutere:

1. Geldanlagen: Damit bezeichnet man jenes Geld, dass von Anlegern gegen ein Zinsversprechen für eine festgelegte Laufzeit zu Banken, Sparkassen und Assekuranz-Unternehmen gebracht wird. Mit diesem von den Anlegern geliehenem Geld wirtschaften und spekulieren dann diese professionellen Institutionen auf eigene Rechnung, um den versprochenen Zins für die Kunden und natürlich einen satten Gewinn für die eigene Firma zu generieren.

2 . Real- oder Substanzwerte: Darunter darfst Du grob gesprochen all das kategorisieren, das sich messen und wiegen lässt! Ihr eigentlicher Charme liegt darin, dass sie – im Gegensatz zum papiernen und virtuellen Geld – nicht beliebig vermehrbar sind. Der bereits besprochene Klassiker ist natürlich die Immobilie, die Du jedoch immer in zwei Segmente unterscheiden musst, nämlich in eigengenutzte und fremdgenutzte Immobilien. Letztere interessieren uns hier als Investitionsmöglichkeit, da sie nämlich als Substanzwert ihren Eigentümern – nicht den Besitzern! – regelmäßige Mieterträge sichern. Auch bei diesen „Steinen“ fallen selbstverständlich

Unterhaltskosten an, die jedoch zu großen Teilen vom Mieter mitgetragen werden, also über die wiederkehrenden Mieteinkünfte locker kompensiert werden. Weitere und zu Recht populäre Realwerte sind die so genannten „Edelmetalle", von denen vor allem Gold und Silber allseits bekannt sind. Sie dienten nachweislich schon vor tausenden von Jahren als anerkanntes Tauschmittel fast überall auf unserer Erde und überstanden ebenso die zahlreichen Inflationierungen und Währungsreformen im Papiergeldsystem, da sich ihr eigentlicher Wert nicht nominal, sondern in Feinunze und (Kilo)Gramm ausdrückt und dadurch dauerhaft vergleichen lässt. Im Gegensatz zu Immobilien sind edle Metalle sehr viel schneller in eine beliebige Währung zu tauschen, also viel flexibler im Handling, was ein enormer Vorteil ist, falls sich der eigene Lebensplan kurzfristig ändert.

3. Produktivvermögen: Durch die Nutzung dieses Begriffs unterscheide ich ganz bewusst diese Art „Sachwert" von den zuvor benannten Realwerten, die sich metrisch definieren lassen. Für mich fallen darunter alle Beteiligungen an „lebendiger Kreativität", womit ich Investitionen in Menschen und Firmen meine. Als Aktionär oder allgemein Gesellschafter investiere ich dabei letztlich in Ideen und Visionen, die sich über das systematische Tun Schritt für Schritt materialisieren. Diese Produktivität ist die Quelle für die Erträge der Investoren. Hier darf der Investor – nicht Anleger! – also Erträge wie zum Beispiel Dividenden aus realer Produktion erwarten, die Du bitte mit den ungedeckten Zinsversprechen von Banken und Versicherungen nicht gleichsetzen darfst. Als Investor in Produktivkapital handelt man konsequent eigenverantwortlich, was die vollständige Akzeptanz von Chancen UND Risiken einschließt!

B...wie Bildung im Finanzbereich aneignen! Damit Du aus den eben grob skizzierten Investitionsmöglichkeiten zunehmend sicherer jene herausfilterst, die Dich dem übergeordneten Ziel eines Ausstiegs aus dem bisherigen Alltagstrott näher bringen, solltest Du Dich selbst zu Deinem besten Finanzberater qualifizieren! Das mag jetzt möglicherweise etwas zu anspruchsvoll auf Dich wirken, umso mehr, da Du vielleicht gar kein Interesse an diesem vermeintlich komplizierten und trockenen Thema hast? Nun, dann lass Dir bitte versichern, dass der Finanzmarkt eine durchaus spannende Angelegenheit und alles andere als langweilig ist.

Ich weiß das aus sicherer Quelle, nämlich meiner eigenen Erfahrung aus fast 27 Jahren aktiver Tätigkeit im Finanzwesen. Wenn ich daran denke, wie alles angefangen hat, muss ich stets schmunzeln. Schließlich schien ich der denkbar ungeeignetste Kandidat für eine „Finanzkarriere“ zu sein, denn weder meine mittelmäßigen Abiturnoten in den so genannten naturwissenschaftlichen Fächern wie Mathematik oder Physik, noch mein in der Kindheit entdecktes Talent für die bildenden Künste gaben Anlass zu vermuten, ich würde mich in der abstrakten Welt der Zahlen und Fakten zurechtfinden. Darüber dachte ich zu Beginn des Jahres 1990 auch nicht nach. Stattdessen startete ich einfach ohne spezifische Vorkenntnisse in einem von Banken und Versicherungen unabhängigen Finanzvertrieb. Wofür dieser Sprung in das kalte Wasser gut war, sollte sich mir erst später offenbaren. Viel später, denn es dauerte rund zwölf Jahre und ein weiteres Studium bis ich endlich gerafft hatte, wie der oft zitierte „Hase“ in unserem Geldsystem läuft.

Warum erzähle ich Dir das? Zum einen, um Dir verständlich zu machen, dass auch Du vor der Finanzthematik keine Scheu zu haben brauchst und andererseits, weil es im Zeitalter des permanent verfügbaren Internets für jeden und jede beinahe mühelos möglich ist, sich binnen kurzer Zeit und auf eigene Faust die Quintessenz zum Thema „Was ist Geld und was kann es für mich tun?“ zu erschließen! Ok, Du liest mein Buch und hast schon mal eine Abkürzung gewählt, da meine Erklärung des legendären Monopoly-Spiels diese Quintessenz faktisch illustriert. Den weiteren Fahrplan samt zu erledigender Hausaufgaben findest Du hier ebenfalls, was natürlich das gezielte Suchen wesentlicher Details und Zusammenhänge zum Ausbau Deines Geldverständnisses erleichtert. Aber noch einmal: das ist ein Inspirationsbuch, das Deine Aufmerksamkeit auf das Wesentliche lenkt, und kein Lehrbuch mit einer eins zu eins umsetzbaren Handlungsanweisung!

C…wie Cash ansammeln! Dies erfüllt den Zweck, Deine Liquidität und Flexibilität zu erhöhen! Die vorgeschlagenen mindestens zehn Prozent von Deinem verfügbaren Monatseinkommen konsequent beiseite zu legen und für die zukünftige Umsetzung Deiner Herzenspläne zwischenzeitlich zu „vergessen“, zählt selbstredend zu den Investitionen. Unterschätze bitte diese Strategie nicht, denn das vermeintliche „Kleinvieh macht auch

Mist"! Natürlich zählen auch alle bereits vorhandenen Geldanlagen sowie Edelmetalle zu den Investitionen, zumindest bezüglich ihrer Quantitäten. Oder anders gesagt: es ist besser – zumindest temporär - eine unrentable Geldanlage mit einem Zins unterhalb der Inflationsrate zu haben, als gar keine.

Sogar gefährlich dagegen ist das langfristige „Annageln" Deiner Ersparnisse, nur um einen halben Prozentpunkt mehr Zinsen zu erheischen! Dies wirst Du ohnehin unterlassen, wenn Du Punkt „B" meiner ABC-Formel weitestgehend absolviert und somit verstanden hast, dass die offiziell propagierte Sicherheit für Spareinlagen ein gewaltiger Marketing-Gag ist, der einer ernsthaften Prüfung nicht standzuhalten vermag. Unabhängig davon, behinderst Du mit solchen Finanzentscheidungen Deine Bewegungsfreiheit und kommst eventuell genau dann nicht an Dein Geld heran, wenn sich Dir eine großartige Chance bietet, Dein persönliches Ausstiegsszenario endlich konkret umzusetzen.

Hier noch einmal im Überblick unsere simple „ABC-Formel" als Vorbereiter und ständiger Begleiter Deines diszipliniert vorbereiteten Ausstiegs:

A – Ausgaben senken!
B – Bildung über Finanzen aneignen!
C – Cash akkumulieren!

Ist nicht schwer sich zu merken, oder? Soll es auch nicht, denn in der Einfachheit liegt die Genialität! Das finde ich jedenfalls.

**Unsere größte Schwäche liegt im Aufgeben.
Der sicherste Weg zum Erfolg ist immer,
es noch einmal zu versuchen.**
Thomas Alva Edison

Ziele erreichen

Weißt Du, wie man Ziele erreicht? Bitte unterschätze diese Frage nicht! Ja sicher, ein fester Wille, basierend auf einem brennenden Verlangen, und Ausdauer sind Grundvoraussetzungen für die Zielerreichung. Jedoch gibt es einen kleinen „Trick", der oft übersehen wird, was ich Dir an einem Beispiel verdeutlichen werde, das Du gern im Zusammenhang mit der Möglichkeit einer Einkommenserhöhung betrachten darfst: Stell Dir also vor, Du befindest Dich in einem Bewerbungsgespräch für einen neuen Job. Aktuell erhältst Du beispielsweise 2.000 Euro Nettogehalt pro Monat. Dein Gegenüber schaut Dir klar in die Augen und fragt Dich jetzt ganz direkt, wie viel Geld Du denn im Monat verdienen möchtest? Was denkst und sagst Du dann? Vielleicht wirst Du in einer Mischung aus Überraschung, Verunsicherung und Bescheidenheit ein neues Gehalt von 2.250 Euro angeben, oder? Möglicherweise, also wenn Du einen richtig guten Tag erwischt hast und von der Muse Selbstvertrauen morgens geküsst wurdest, bringst Du die Zahl 2.500 Euro über Deine Lippen? Und wenn Dir der Ausgang dieses Gespräches vollkommen egal ist und Du Dir sogar einen Hauch Übermut gestattest, forderst Du eventuell 3.000 Euro als neues Monatseinkommen? Aber mal Hand auf´s Herz - würdest Du beispielsweise die Zahl 5.000 Euro auch nur eine Sekunde in Betracht ziehen? Geht Dein Puls jetzt schneller oder winkst Du einfach ab bei so viel „Spinnerei"?

Sehe ich Dich schmunzeln? Nun, vielleicht hast Du ja erkannt, worauf ich hinaus will? Also nimm bitte zur Kenntnis, was erfolgreiche Verkaufstrainer schon lange herausgefunden haben: der „Durchschnittsmensch", den wir oft als „Otto Normalverbraucher" bezeichnen, vermag maximal bis zur doppelten Höhe seines aktuellen Einkommens zu denken! Alles darüber hinaus entzieht sich schlicht seiner Vorstellungskraft und gehört für ihn somit in das Reich der Fabeln! Was hat das nun mit Deiner Zielsetzung zu tun? Ganz einfach: wenn Du nicht nur – wie hier schon ausführlich beschrieben – Dein Leben entschlacken, sondern zugleich auch Dein Portemonnaie vergrößern willst, dann musst Du zwar größer denken, jedoch Deine wirtschaftlichen Ziele in vorstellbare Etappen unterteilen! Im Bild ausgedrückt: denke generell wie ein ausgewachsener Löwe, aber starte sanft wie eine Katze! Also wenn Du heute 2.000 Euro im Monat verdienst – ich weiß, eigentlich VERDIENST Du mehr -, dann nimm Dir nicht zum Ziel, binnen eines Viertel Jahres 10.000 Euro zu bekommen. Das wäre unehrlich Deinen Glaubens- und Konditionierungsmustern gegenüber. Und der Anfang vom schnellen Ende! Wenn Du nämlich nicht wirklich daran glaubst, das auch schaffen zu können, wirst Du es nur versuchen. Vielleicht angespitzt durch eine Motivationsveranstaltung, die Du kürzlich mit Freunden besucht hast. Aber es nur mal zu versuchen und nach kurzer Zeit festzustellen, dass Du nicht annähernd so schnell wie erwartet vorwärts kommst, entmutigt und bedeutet zu scheitern. So gnadenlos einfach ist das, was auch ich leidlich erfahren dürfte.

Besser ist hingegen Folgendes: Du machst Deinen eigenen Einkommensplan und schreibst ihn auf! Das macht ihn für Dich verbindlich, selbst wenn nur Du ihn kennst. Dort hinein gehört eine Zeitschiene, und zwar nicht für die kommenden 20 Jahre, sondern lediglich für die nächsten drei Jahre. Ja, Du hast richtig gelesen: drei Jahre. Alles darüber hinaus wandert für mich automatisch in die Rubrik „Alibi-Planung“, da in unserer durch technische Innovationen befeuerten Zeit drei Jahre eine Ewigkeit bedeuten, in der sich jegliche Rahmenbedingungen von heute komplett ändern können. Dann spürst Du in Dich hinein, welche Einkommenssumme Dich intuitiv „anlächelt“. Ja, spüren, nicht durch den Verstand mit purem Willen vorgeben! Also, um bei meinem Beispiel mit den 10.000 Euro pro Monat zu bleiben, bedeutet dies möglicherweise Einkommenssprünge von 2.000 auf 3.500 in x Monaten, von 3.500 auf 6.000 in y Monaten und von 6.000 auf 10.000 Euro in z Monaten. Das kannst und musst Du natürlich nach eigenem Plan fixieren, aber Du musst die Machbarkeit fühlen können und Dich nicht unter Druck setzen. Zuviel Druck lähmt nämlich die Kreativität und diese benötigst Du definitiv, um Deine finanziellen Ziele umzusetzen.

Ich denke, Du hast das System hinter diesem kleinen „Trick“ erkannt, oder? Ok, jetzt könntest Du einwenden, dies sei bloße Theorie und Du wüsstest gerade nicht, ob und wie diese Zahlen bei Dir funktionieren könnten. Einverstanden! Ich kann Dir aus eigenem Erleben versichern, dass es so funktioniert. Das „OB es funktioniert?“ ist Dein ureigenes Motiv und führt Dich zurück auf die schon behandelte Frage: was würdest Du am liebsten Tun, wenn Geld keine Rolle mehr spielen würde? Ich erinnere Dich an Deinen Herzenswunsch, an Deine außergewöhnlichen Fähigkeiten und Talente, denn dort liegt Dein wahres – auch wirtschaftliches – Potenzial vergraben, das es mutig zu heben gilt. Dieses Potenzial und seine konsequente Entfaltung gehört zu Deiner Ursachensetzung, währenddessen das erstrebte Einkommen zur folgerichtigen Wirkung zählt. Die Umsetzung Deiner Finanzplanung nach der „ABC-Formel“ ist das WIE, also der „technische“ Teil dieses Transformationsprozesses.

Zurück in die Hängematte! Wo steht geschrieben, dass diese Entspannungsschaukel nur auf einer tropischen Insel gespannt werden kann? Du kannst sie ebenso auf Deinem Balkon, auf Deiner Veranda oder in Deinem kleinen Wohnzimmer anbringen. Also in Deinem jetzigen Zuhause. Es ist erneut Deine Vorstellungskraft gefragt, wenngleich die erwähnte Hängematte mehr symbolischen Charakter für unser Thema trägt. Wichtig ist, dass Du Dir keinen Druck machst, also etwas künstlich erzeugst, das landläufig als Stress bekannt ist und Dich krank zu machen vermag. Genau um das zu verhindern, schreibe ich auch über den möglichen Ausstieg in der Heimat. Die beschriebenen „Hausaufgaben“ für den inneren Ausstieg sind zeitlos und gelten vollkommen ortsunabhängig. Deren Nutzen für Deine Lebensqualität wirkt hüben wie drüben. Hierzu als Beispiel ein kleines Kontrastprogramm, wie ich es in Deutschland des Öfteren erlebte.

Eine recht ehrgeizige und fleißige Frau studierte nach dem Abitur im englischsprachigen Ausland und arbeitete seither als Assistentin in verschiedenen Firmen. Dort wird sie mittelprächtig bezahlt für eine Tätigkeit, die deutlich unter ihrem Qualifikationsprofil liegt. Diesen Job – mehr ist es nicht für sie – schätzt sie als ziemlich langweilig und zeitraubend ein. Damit sie sich damit sowie dem Abdriften von ihren eigentlichen

Talenten und Träumen nicht zu sehr beschäftigen muss, füllt sie ihren Tagesplan zusätzlich mit diversen Unterhaltungsprogrammen in ihrer heimatlichen Großstadt aus. Ihr Motto lautet offensichtlich: Verdrängen statt Verändern!

Andererseits erinnere ich mich gern an einen studierten Ingenieur, den ich vor etlichen Jahren einmal in Berlin traf. Er kam unglaublich entspannt rüber und als ich ihn nach seiner aktuellen Profession fragte, verblüffte mich seine Antwort: Gabelstaplerfahrer! Moment Mal, da studiert einer Ingenieurswesen, um anschließend mit einem Gabelstapler Paletten durch Lagerhallen zu jonglieren? Schmunzelnd erklärte er mir, dass er irgendwann keinen Bock mehr auf den Stress bei seinem Arbeitgeber hatte, weil er bei sich selbst beobachtete, dass ihn dieser psychische Druck frustrierte und krank machte. Daraufhin kündigte er und suchte sich einen entspannten Job mit regelmäßigen Arbeitszeiten, wo er sogar noch Spaß beim Fahren der flinken Stapler hat. Und ja, er reduzierte dadurch sein Einkommen, jedoch bereute er diesen Schritt nie. Für ihn selbstverständlich, hatte er keine Schulden mehr „auf der Uhr" und keine Tendenz zum „Konsum-Junkie". Sein Leben verlief in ruhigen Bahnen und das konnte ich ihm ansehen.

Ein anderer Freund betreibt seit Jahrzehnten einen Familienbetrieb, der längst etabliert ist und seine Familie gut ernährt. Als Firmeninhaber reduziert er seit einigen Jahren seine physische Präsenz im Handwerker-Alltag und überträgt Stück für Stück mehr Verantwortung auf seine Angestellten, damit das Geschäft auch läuft, wenn er nicht daneben steht. Das erfordert jede Menge Mut und Vertrauen, wenn man von Hause aus darauf geeicht ist, alles selbst zu verantworten, zu leiten, zu kontrollieren. Aber es funktioniert umso besser, je mehr mein Freund lernt zu vertrauen und loszulassen. Inzwischen verbringt er mit seiner Frau schon zwei bis drei Monate jährlich in seinem schicken Ferienhaus in Kanada. Es gefällt ihm, zeitweise im Ausland zu leben. Er kann sich mittlerweile sogar vorstellen, zuhause noch weiter „abzuspecken" und eventuell weitere drei Monate pro Jahr in einer anderen schönen Region zu verbringen. Dank Internet kann er von beinahe überall aus mit seinen Mitarbeitern in Kontakt bleiben und auftretende Probleme aus der Ferne klären.

Das letzte Beispiel verdeutlicht einmal mehr, dass es nicht darum geht, von heute auf morgen kopflos auszuwandern. Ein „Ausstieg auf Raten“ ist eine weitere Option, um mehr Lebenszeit für sich zu gewinnen. In vielen Ländern dieser Erde darf man mindestens drei, oft sogar sechs Monate am Stück als Tourist verweilen, ohne ein spezielles Visum dafür vorweisen zu müssen. Das ist für reisefreudige Menschen sehr komfortabel und ermöglicht zugleich eine ausgiebige Recherche vor Ort. So lässt sich in Ruhe prüfen, ob man in diesem oder jenem Land länger leben möchte.

Welch eine himmlische Empfindung ist es,
seinem Herzen zu folgen.
Johann Wolfgang von Goethe

Wenn dir jemand eine großartige Gelegenheit bietet,
du aber nicht sicher bist, ob du es kannst, sag ja -
dann lerne später, wie es geht!
Richard Branson

Energieaustausch

Na, arbeitet meine beispielhaft geschilderte und für Dich eventuell irrational anmutende Gehaltsverhandlung noch in Dir? Gut so, denn es soll ja auch in Deinem Leben vorwärts gehen, oder? Worum geht es mir denn bei diesen Einkommensbeispielen? Im Kern darum aufzuzeigen, dass alles auf unserer Erde eine Art von Energieaustausch ist! Wenn Du also arbeitest – woran und für wen auch immer -, dann tauschst Du Deine Lebenszeit gegen Geld ein. Unser tatsächlich wertvollster „Rohstoff“ ist die Lebenszeit. Wenn wir Geld „verlieren“, dann können wir erneut welches generieren. Lebenszeit hingegen ist definitiv verronnen. Genau deshalb ist es ja so wichtig, Deine Lebenszeit möglichst ausschließlich für das einzusetzen, was Dir wirklich wichtig ist! Was wir als Zeit bezeichnen ist aus quantenphysikalischer Sicht nur das Symbol für linear strukturierte Materialität, eine Messlatte für unser physisches Dasein. Alle Materie besteht auf der für uns unsichtbaren Ebene aus den gleichen Energieteilchen und unterscheidet sich lediglich durch die Schwingungsfrequenz. Ein berühmter Physiker brachte es so auf den Punkt: es gibt keine Materie an sich, sondern nur geronnene Energie! So betrachtet sind sämtliche menschliche Interaktionen eben reiner Energieaustausch.

Schon gut, ich werde jetzt wieder irdisch. Wie kannst Du nun diese (Wieder)Erkenntnis der modernen Wissenschaft ganz praktisch für Deinen Lebensplan nutzen? Durch bewussten Energieaustausch! Du hast einiges zu geben, was andere sicherlich interessiert. Im Gegenzug wirst Du dadurch Energie in Form von Leistungen, Produkten oder Geld erhalten. Und wenn Du Dir schon dieses Prinzip zunutze machst, dann tue es gleich richtig, und zwar richtig im Sinne Deines Ausstiegsszenarios.

Dazu wieder eine verständliche Illustration: ich kenne viele Menschen, die ganz offensichtlich Spannendes für die sie umgebende Gemeinschaft offerieren. Einige sind so gut und gefragt, dass sie sich in einem „vergoldeten" Hamsterrad bewegen. Vergoldet deshalb, weil sie zwar finanziell gut aufgestellt sind, dafür jedoch überdimensional viel Lebenszeit aufbieten. Ok, es mag hier und dort jemand darunter sein, der zu einhundert Prozent genau das tut – auch sechzig oder siebzig Stunden pro Woche -, was er immer schon voller Leidenschaft tun wollte. In solch einem Fall sollte er glücklich strahlen und seine Umwelt damit anstecken. Wieviel solcher Zeitgenossen kennst Du persönlich - eher mehr oder nur wenige? Geht es Dir so wie mir, dann sind es nur wenige, die mir das Gefühl vermitteln, dass sie ihre Berufung voller Passion leben.

Nun kann es aber sein, dass ausgerechnet Du gar nicht so ambitioniert bist, nach außen zu strahlen und ein oft im Rampenlicht stehender „Einzelkämpfer" sein möchtest. Alles, was Du willst ist es, mehr Zeit für Dich selbst und Deine Hobbys zu gewinnen. In diesem Fall kann ich Dir ehrlich ans Herz legen, Dich mit vielen positiven Energien zu verbinden! Dieses bewährte „Energieaustausch-System" kennst Du wahrscheinlich schon unter dem Begriff „Netzwerken", neu deutsch auch „Network Marketing", oder? Halt! Bitte rümpfe jetzt nicht die Nase, weil ich damit eventuell eine Deiner Bewertungs-Schubladen getriggert habe! Ich kenne viele Menschen, die bereits nur den Begriff ablehnen, ohne sich jemals tiefer mit diesem zeitgemäßen Phänomen auseinander gesetzt zu haben. Warum ich hier dafür plädiere, Netzwerke zu bauen? Nun, das ist schnell erklärt. Ein einzelner vermag eine ganze Menge zu schaffen, wenn er sich richtig ins Zeug legt. Viele Gleichgesinnte jedoch schaffen große Dinge. Es ist sehr viel effektiver für Dein Vorankommen, bereits erprobte Geschäftsmodelle und Strukturen zu nutzen, als alles allein aufzubauen. Da sind wir wieder bei der begrenzten Ressource Lebenszeit. Ich habe bisher mehrere Firmen (mit)initiiert und über Jahre aufgebaut, aber ich habe dies niemals allein getan. Stets hatte ich gleichgesinnte Wegbegleiter gefunden, denn ich weiß schon seit langem dies hier: es ist besser und komfortabler, nur zehn oder zwanzig Prozent der Anteile einer gut laufenden Unternehmung zu halten, als einhundert Prozent von einer mittelmäßigen oder gar miserablen, wo all der damit verbundene Stress an dir allein kleben bleibt und Deine Lebenszeit unwiderruflich auffrisst!

Soweit wie ich es tat, brauchst Du gar nicht gehen, ist es doch wesentlich bequemer, ein vorhandenes Geschäftsmodell, deren hochwertige oder gar exklusive Produkte über ein Netzwerk von Konsumenten und Empfehlungsgebern vermarktet werden, vom ersten Tage an zu nutzen. Natürlich solltest Du bei der Wahl eines Network-Marketing-Unternehmens darauf achten, was Du selbst magst, damit Du Dein Wohlgefühl, Deine positiven Erfahrungen authentisch weitergeben kannst. Vergeudete Energie bedeutet es für mich hingegen, wenn Du Dich daran aufreiben solltest, dass diese Empfehlungen von alten an neue Konsumenten über einen mehrstufigen Bonusplan bezahlt werden. Falls Du dennoch an der Seriosität dieses Vergütungssystems zweifelst, dann frage Dich doch einmal das hier: Was ist schlecht daran, wenn man Gutes für sich selbst tut und dafür finanziell belohnt wird, dass man diese Erfahrungen mit Freunden teilt? Ist es stattdessen „ethischer", die üblichen, im Endpreis versteckten Handelsaufschläge an anonyme Werbe-Firmen, Großhändler, Apotheken, Drogerien etc. zu bezahlen? Wenn Du ehrlich zu Dir selbst bist, wirst Du die für Dich passende Antwort finden.

Im Zusammenhang mit dem Empfehlungsmarketing muss noch der internationale Charakter erwähnt werden. Jener erfordert nämlich nicht Deine permanente Präsenz in Deinem Heimatland, sondern Du kannst dieses Geschäft auch mitnehmen in das Land Deiner Wahl! Anders ausgedrückt erreichen Dich die wöchentlichen oder monatlichen Zahlungen ganz unabhängig davon, wo Du gerade lebst. Ja, auch in einer Hängematte am Meer...

Besonders pfiffige Geister vor allem aus der „Gameboy-Generation“, also solche Mitmenschen, die heute um die dreißig Jahre jung sind, nutzen verstärkt das Internet zum ortsunabhängigen Gelderwerb. So genanntes „Affiliate-Marketing“ steht da hoch im Kurs, vor allem in Kooperation mit marktbeherrschenden Unternehmen wie Amazon oder Ebay. Mittels so genannter „Landingspages“ oder anderer individualisierter Verlinkungen werden aktive Internetnutzer auf Produkte gelenkt, die sie suchen und zu kaufen beabsichtigen. Jedes Mal, wenn dann ein derart angebahnter Kauf über solche Verlinkung stattfindet, erhält der Online-Werber eine Vermittlungsprovision. Dadurch hat übrigens niemand einen Nachteil, denn der Endpreis ändert sich für den Käufer nicht. Hingegen bezahlt der Betreiber des Online-Kaufhauses aus seinem Gewinn diese Belohnung an den zuarbeitenden Werber.

Für einen Affiliate-Marketer geht es entweder über Angebots-Nischen, die durch marktbeherrschende Unternehmen nicht oder nur unzureichend abgedeckt werden, was trotz einer übersichtlichen Anzahl von Käufen beachtliche Bonifikationen einzubringen vermag. Oder es geht über die pure Masse. Meist nachgefragte und über das Internet oft gesuchte Produkte bringen zwar nicht so viel Provision ein, aber die Masse macht´s dann eben. In jedem Fall erfordert diese charmante und zeitgemäße Art der Einkommenserzeugung einiges Know-How und vor allem Technik-Verständnis, so man nicht übermäßig Abhängigkeiten erzeugen will. Optimaler Weise entwickelt man sich als Affiliate-Marketer zum Multiplikator und integriert gleichgesinnte Veränderungswillige in dieses Geschäft, wodurch man eine zusätzliche Einkommensquelle erschließen kann. Und dies nicht nur für sich, sondern auch für jene Menschen, denen man diese Chance bietet, womit wir wieder beim Energietausch sind. Letztlich macht es viel mehr Spaß, vereint gute Dinge voranzutreiben und so Gemeinsamkeiten zu schaffen, die verbinden. Ich kann es nur wiederholen: ganz egal, wie gut Du bist - nimm Menschen Deiner „Energiegruppe“, also jene, mit denen Du ähnlich oder gleich schwingst, konsequent mit auf

Deinem Herzensweg! Natürlich nur Freiwillige, denn niemand kann zu seinem Glück gezwungen werden.

Die gefährlichste aller Weltanschauungen
ist die Weltanschauung der Leute,
welche die Welt nicht angeschaut haben.
Alexander von Humboldt

Auch aus Steinen,
die einem in den Weg gelegt werden,
kann man Schönes bauen.
Johann Wolfgang von Goethe

Hin zu statt weg von!

Hast Du regelmäßig Fernweh? Zieht es Dich in den Süden, speziell wenn es zuhause grau, kalt und nass ist? Dann fliehst Du sicher gern und wann immer es Zeit und Portemonnaie erlauben in wärmere Gefilde, richtig? Wir Deutschen werden oft als „Reiseweltmeister“ tituliert und ich kenne etliche Freunde, die schon lange vor dem Termin ihren Urlauben an der begehrten Mittelmeerküste entgegen fiebern. In diesem Abschnitt geht es jedoch nicht um zwei oder drei Wochen Urlaub, sondern um einen „permanenten Urlaub“, also um ein Leben und Arbeiten dort, wo andere gern Urlaub machen. Der mögliche Daueraufenthalt in einem exotischen Land übt zweifellos einen magnetischen Reiz auf viele Menschen aus. Zuvor gilt es auch und gerade hier die „Hausaufgaben“ diszipliniert zu erledigen und ein glasklares WARUM für sich zu definieren! Je klarer und stärker Dein Motiv ausgeprägt ist, umso wahrscheinlicher wirst Du Deinen Ausstieg ins Ausland durchziehen und auch lange beibehalten. Dazu folgt nun meine eigene, ganz reale Geschichte, die sich für viele wie ein Märchen anhören mag. Möglicherweise auch deshalb, weil sie belegt, dass es oft anders kommt als man plant und wie vermeintliche Hindernisse zu subtilen Wegweisern in eine geänderte Richtung werden.

Im Herbst 2015 begannen meine Frau und ich über unseren zeitnahen

Ausstieg zu diskutieren. Zu dieser Zeit lebten wir in einem modernen Haus am grünen Stadtrand von Berlin zur Miete. Und ja, viele von den oben beschriebenen „Hausaufgaben“ hatten wir damals bereits erledigt, begünstigt durch unser beider Berufe, die täglich mit den drei großen „G´s“ Gesundheit, Gemeinschaft und Geld verknüpft waren. Die Zeit für eine Auswanderung schien also reif zu sein. Obwohl ich weit entfernt von jeglichem Engagement in den klassischen gesellschaftlichen Strukturen war, würde ich doch behaupten, anfänglich so etwas wie ein „politischer Flüchtling“ gewesen zu sein. Trotz dem Fehlen von TV und Zeitungen war ich stets auf dem Laufenden hinsichtlich der „großen Politik“ und was ich dort wahrnahm, vereinbarte sich überhaupt nicht mit meinem liberalen Weltbild. So kreisten meine Gattin und ich mit den Fingern über die Weltkarte und selektierten mögliche Umzugsziele. Eine Brücke wurde uns schließlich nach Kanada gebaut, wo ich den lange unterbrochenen Kontakt zu einem Bekannten wiederherstellen konnte. Kurzerhand flog ich im Oktober nach Atlantik-Kanada und besuchte dort meinen Freund, der sich viel Zeit nahm, um mir das raue Naturparadies von Nova Scotia schmackhaft zu machen. Dies gelang ihm vorzüglich und mit einem Album voller Fotos kehrte ich nach einer Woche Erkundungstour zu meiner Familie zurück. Die Bilder überzeugten meine Frau und wir gingen in die detaillierte Vorbereitung unseres Umzuges.

Nur ein dreiviertel Jahr später brachen wir mit Sack und Pack nach Ost-Kanada auf, begleitet von einem 20-Fuss-Container mit einigen Möbelstücken und persönlichen Gegenständen. Meine „Mädels“ fühlten sich ebenso wie ich von Beginn an wohl, zumal wir von den einheimischen Nachbarn herzlich und hilfsbereit empfangen wurden. Alles lief sehr entspannt ab. Nach ein paar Wochen des Einlebens starteten wir mit dem Papierkram, also mit dem Sammeln und Ergänzen jener Unterlagen, die für den Immigrations-Prozess erforderlich waren. Mit Hilfe einer uns empfohlenen Anwältin bekamen wir nach und nach ein Idee davon, durch welche Programme wir möglicherwiese am besten in Kanada als Residenten landen konnten. Dafür waren wir sogar willens, ein Geschäft zu übernehmen, das wir zuvor noch niemals betrieben hatten. Ich erarbeitete einen passenden Geschäftsplan und erledigte eine Menge Analysearbeit. Unsere spezialisierte Anwältin erreichte sogar einen ersten

Vorstellungstermin bei den zuständigen Behörden und wir waren durchaus stolz darauf, scheinbar so schnell voranzukommen.

Das Gespräch mit den Immigrations-Behörden fand nicht statt. Es scheiterte am Fehlen eines ganz bestimmten Dokumentes und machte damit all unsere Bemühungen zunichte. Vielleicht kannst Du Dir meine Enttäuschung vorstellen? Wir glaubten fest daran, gut vorbereitet zu sein, und dann scheitert alles an nur einem Fetzen Papier – unglaublich! Aufgrund einer zuvor eingereichten Aufenthalts-Verlängerung hatten wir noch genügend Zeit, ein anderes Programm zu testen, was jedoch ebenso erfolglos blieb. Verschiedene Widerstände lösten sich einfach nicht auf. Deshalb beschlossen meine Frau und ich ein Jahr nach unserem Eintreffen in der Provinz Nova Scotia, einen „Plan B“ für uns zu finden. Ja, Du hast richtig gelesen – wir hatten bis dato keine Handlungsoption auf dem Schirm, da wir keinerlei Zweifel an unserer Integration in Kanada hegten. Darüber kannst Du natürlich den Kopf schütteln, falls Dir unser Verhalten naiv erscheint. Wir jedoch setzten und setzen weiterhin bei Grundsatzentscheidungen auf das dem Prinzip „Schiffe verbrennen“! Ach so, das kennst Du nicht? Stattdessen vielleicht das Spiel namens „Schiffe versenken“, oder? Das von mir so benannte Prinzip lehnt sich an eine Taktik antiker Streitkräfte an, die des Öfteren mit ihren Kriegsschiffen zu fremden Ufern aufbrachen, um neue Gebiete zu erobern und deren angestammte Bevölkerung zu unterwerfen. Wenn es ihnen damit besonders ernst war, schnitten sich die Landungstruppen selbst den Weg zurück ab, indem sie die Schiffe hinter sich verbrannten. Die klare Botschaft des jeweiligen Heerführers an seine Gefolgsleute lautete also: Sieg oder Tod! Das mag jetzt etwas martialisch anmuten, spornte jedoch im konkreten Fall die Kampfmoral der Krieger enorm an, da es eben einen Rückzug, also eine Flucht zu den Schiffen nicht mehr gab.

Nun zogen wir im Sommer 2016 Gott sei Dank nicht in einen Krieg, sondern lediglich um. Wir hatten uns eben für Kanada entschieden und über ein mögliches Scheitern nicht eine Sekunde nachgedacht. Deshalb sind wir ja mit Sack und Pack aufgebrochen und haben keine Dinge in Deutschland zurückgelassen. So mussten wir nun eine alternative Lösung finden, da sich an unserem Touristenstatus unter der Ahornblatt-Flagge nichts geändert hatte. Und unter einer Lösung verstand ich nicht eine Sekunde lang die sofortige Rückkehr nach Deutschland, da wir ganz bewusst von dort weg wollten. Also recherchierte ich tagelang im Internet und bestellte mir sogar spezielle Lektüre über die wahrscheinlich interessantesten Auswanderländer. Bei diesem intensiven Selbststudium sprang mich Mittelamerika förmlich an. Was mir dabei besonders gefiel, ist leicht zu beschreiben: dort ist es ganzjährig warm und wir befanden uns ohnehin schon auf dem amerikanischen Kontinent. So war es im wahrsten Sinne des Wortes naheliegend, unsere Entdeckungstour in Länder zu planen, die – aus welchen Gründen auch immer – einen gewissen Bekanntheitsgrad haben. Dem Papier nach schob sich Costa Rica an die Pool-Position, gefolgt von Panama und Mexiko. Ich entwickelte einen bunten Reiseplan, einen Unterbringungs-Mix aus Strand und Bergen. Wir wollten nicht einfach Urlaub machen, sondern die potenzielle Wahlheimat fühlen und finden. Um ein Land halbwegs kennenzulernen, reichen zwei Wochen als geführte Pauschalreise nicht aus. Es sollten schon mindestens zwei Monate „auf eigene Faust" sein, wenn man sich ein intensives Gefühl für Land und Leute holen will.

Was für eine großartige Erfahrung: erstmals verbrachten wir einen Winter komplett ohne Schnee und Eis! Ende November, wo es auf der Nordhalbkugel nass, kalt und grau wird, stiegen wir in den Flieger nach Costa Rica, um dort ein paar Stunden später von der Sonne des Südens begrüßt zu werden. Es war vom ersten Tage an ein Abenteuer, da so viel Neues auf uns einströmte, ungewohnte Herausforderungen inklusive. Schon nach den ersten Metern im Mietauto wurde mir drastisch bewusst gemacht, dass ich mich in einem anderen Kulturkreis befinde. Obwohl vielseitig trainiert im Berliner Straßenverkehr beschlich mich Unwohlsein beim Versinken im Verkehrschaos von San José. Hier schien nur eine einzige Regel zu gelten: wer bremst, der verliert! Sei´s drum, es war unsere Wahl und wer das eine will, muss nun mal das andere mögen. Nach einigen Tagen hatte ich mich – wenn auch immer wieder staunend und kopfschüttelnd – an den costa-ricanischen Fahrstil gewöhnt. Abgesehen davon erlebte ich mit meiner Familie drei inspirierende Monate dort, pendelnd zwischen Bergland, Dschungel und Pazifik-Küste. Und ja, wir sahen sie alle aus nächster Nähe und mit Ausnahme der Raubkatzen auch in freier Wildbahn, die tierischen

Attraktionen von Costa Rica: Krokodile, Leguane, Geckos, (Riesen) Schildkröten, Affen, Papageien, Tukane, Pelikane und noch mehr bunte Vögel, deren Namen wir nicht kennen. Die Menschen dort begegneten uns stets freundlich und ehrlich. Diese Entspanntheit, eine atemberaubende Flora und Fauna sowie das angenehme, sonnenverwöhnte Klima sind die pure Einladung zum Verweilen. Costa Rica hatte uns verzaubert. Dies vor allem deshalb, weil wir uns weder mit starren Erwartungen noch Vorurteilen als Ergebnis dritter Meinungen aus dem Internet dorthin begaben, sondern uns einfach auf das einließen, was unseren Weg kreuzte! Ein toller Ort zum Leben, dachte ich…

Aufgeputscht durch so viele neue und schöne Impressionen flogen wir rüber zum Nachbarland Panama, der Nummer zwei meiner ursprünglichen Favoriten-Liste. Was dort mit mir passierte, lässt sich kaum beschreiben, hatte ich doch nach unserem Costa-Rica-Abenteuer beinahe schon auf Urlaubsmodus (ab)geschaltet. Was sollte jetzt noch kommen, fragte ich mich selbst? An dieser Stelle bemerkst Du wahrscheinlich, dass ich mich – wenn auch nur für kurze Zeit - selbst manipulierte, und nur aufgrund meiner zahlreichen neuen Eindrücke aus Costa Rica unbemerkt ein Vorurteil über Panama erzeugt hatte, oder? Rückblickend fällt es mir leicht, dies zuzugeben. Damals jedoch erschrak ich mich einen Moment über die für mich untypische „Altgierde“. Denn bereits bei der Fahrt vom internationalen Flughafen zur Innenstadt von Panama City kam ich aus dem Staunen nicht mehr heraus: die moderne Skyline entlang einer mit Palmen gesäumten Ufer-Promenade beeindruckte mich „gelernten Großstädter“ nachhaltig. Dieser gute Eindruck wurde noch vertieft beim Blick von der Dachterrasse unseres Hotels. So sieht kein „Entwicklungsland“ aus! Als wir am nächsten Tag auf der gut ausgebauten Panamericana über 500 Kilometer in Richtung Westen fuhren, füllte sich mein wieder geöffneter Geist mit frischen Eindrücken…

Nach drei spannenden Monaten im bunten Costa Rica dauerte es nur drei Tage bei meiner Frau und mir, uns mit sicherem Gefühl für Panama als neue Wahlheimat zu entscheiden. Ohne Wenn und Aber! Heute leben wir hier ohne unsere schnelle, weil intuitive Entscheidung jemals bereut zu haben. Vergessen ist der anfängliche Stress bei unserem Umzug nach

Atlantik-Kanada mit samt dem fruchtlosen und kostspieligen Papierkram. Noch mehr: aus heutiger Sicht mutet unser Umzug nach Kanada eher wie eine Flucht an, ein „weg von" einem Deutschland, dessen Politik meine Interessen und die meiner Familie nicht mehr vertritt. Dieses Gefühl des „weg von" Deutschland hat sich inzwischen vollständig gewandelt in ein „hin zu" Panama! Anders ausgedrückt kann ich jetzt viele gute Gründe aufzählen, warum ich mit meiner Familie gern hier lebe. Das ist etwas völlig anderes als zu Beginn meines Weltenbummler-Weges, wo ich vor allem weg wollte. Bitte verstehe das als einen Prozess: anfänglich ist es vollkommen in Ordnung und durchaus normal, auf jene Motive zu stoßen, die Dich von einem unbefriedigenden Seins-Zustand wegführen sollen. Du kannst das gern vergleichen mit den üblichen Schwierigkeiten bei der Beantwortung der Frage „Was will ich wirklich?": es fällt beinahe allen Menschen viel leichter aufzuzählen, was sie nicht mehr wollen, als diese einfach erscheinende Frage sofort zu beantworten! Aber über die Auflistung jener nicht mehr gewollten Dinge und Situationen schält sich irgendwann der verbliebene Kern heraus, nämlich eine klare Antwort auf diese Frage. So wurden also nach und nach die „weg-von"-Argumente durch die „Hin-zu"-Motive verdrängt.

Noch etwas verdient Erwähnung: wenn es nicht leicht geht, dann lass es sein und finde einen anderen Pfad! Anstatt immer wieder gegen die kanadische „Behördenmauer" anzurennen, brachen wir das Spiel ab und öffneten unseren Geist für Alternativen auf dem amerikanischen Kontinent. In Panama surften wir von Anfang an leicht und zügig durch den bürokratischen Anforderungsdschungel. Genau so sollte es fließen, um sich wohl zu fühlen! Auch Du solltest auf der Welle Deines Lebens besser um Ecken surfen statt mit dem Kopf gegen die direkt vor Dir stehende Wand zu rennen. Einverstanden?

Warum habe ich meinen eigenen Weg und meine Gefühle dabei so ausführlich geschildert? Damit Du Dich ebenso ehrlich und ausführlich mit Deinen Motiven zu einem möglichen Ortswechsel auseinandersetzt und alles hinterfragst, was Dich anzutreiben scheint. Falls Du einfach nur „abhaust" und ansonsten keinen grundsätzlichen Plan verfolgst, wird Dich das Heimweh schneller einholen als Du es heute zu glauben bereit bist. Es ist wie mit den zahlreichen „Gutmenschen“, die oft das Richtige wollen, aber es falsch anpacken. Warum wohl sollte jemand, der die universellen Gesetze versteht, zum Beispiel an einer ANTI-Kriegs-Demonstration teilnehmen? Er würde wohl eher FÜR etwas sein Engagement zeigen, oder?

Gott würfelt nicht...
Das, wobei unsere Berechnungen versagen,
nennen wir Zufall.
Albert Einstein

Alles Zufall oder was?

Möglicherweise klingt unsere Umsiedlungsgeschichte holprig für Dich und eher wie eine Ansammlung von Zufällen? Für mich war es das aber nicht, was mir oft erst richtig klar wird, wenn ich achtsam zurückschaue und den „roten Faden“ bei allem erblicke!

Ja, es gibt ihn, den so genannten „roten Faden“, zumindest für den aufmerksamen Beobachter, der nicht an den Zufall glaubt. Seziert man das Wort „Zufall“, so entdecken wir darin, dass uns Ereignisse „zu fallen“. Das tun sie genau dann, wenn der richtige Zeitpunkt und die passende Situation gekommen sind. Nur verstehen wir dann oft noch nicht, das „Warum?“ des Geschehens. Warum ist uns also genau das dann und dort zugefallen? Es dauert mitunter Jahre bis wir beim entspannten Rückblick das große „Ursache-Wirkungs-Bild“ zu sehen vermögen und den vermeintlichen Zufall dann – oft mit einem Aha-Effekt - einordnen können. Trainiert man diesen Blick in den Rückspiegel, so verringert sich die Zeitspanne bis zur Entdeckung der Zusammenhänge von „Zufällen“. Bei mir funktioniert das mittlerweile gut und umso besser, je mehr ich emotionale Reaktionen bei unerwarteten Ereignissen vermeide. Ja, Du hast Recht, das ist oft leichter gesagt als getan, aber auch hier lässt sich das Reaktionsmuster beharrlich ändern.

Welche „Zufälle“ geschahen uns denn beispielsweise im Kontext mit unserer Entscheidung pro Panama? Hier ein paar Geschichten, die mich jedes Mal schmunzeln lassen, wenn ich daran denke:

Obwohl ich mich bereits vor Reisebeginn im Internet nach Angeboten für Spanisch-Unterricht in Panama umschaute und durchaus fündig wurde, erhielten wir nur wenige Tage nach unserer Ankunft von unserem ersten Ferienhaus-Vermieter eine persönliche Empfehlung. Einen Tag später begrüßten wir unsere private Spanisch-Lehrerin, die „zufällig“ nur ein paar Häuser weg wohnt und ohnehin gerade freie Kapazitäten hatte, da Schulferien waren! Wir verstanden uns auf Anhieb und verbrachten viele lehrreiche Stunden miteinander.

Nach ein paar Wochen wechselten wir das Quartier und zogen an den Strand, wovon es ja in Panama reichlich gibt. Zu der Zeit grübelten wir intensiv, wie und wann wir unseren Entschluss zur Immigration konkret umsetzen wollen. So plauderten wir eines Tages - natürlich ganz „zufällig“ - am Swimming-Pool unserer Wohnanlage mit einer netten Kanadierin, die bereits länger in Panama beheimatet ist. Sie schwärmte von einer Anwältin, die all den notwendigen Papierkram anstandslos für sie erledigen würde. Das machte uns so neugierig, dass wir nach ihren Kontaktdaten fragten. So saßen wir nur wenige Tage später mit dieser pfiffigen Rechtsanwältin zusammen und initiierten erfolgreich unsere Einwanderung in das Land am weltberühmten Kanal.

Nur noch gut eine Woche von insgesamt zweieinhalb Monaten in Panama war übrig geblieben. Wir waren an unserer letzten Station angekommen und hatten eine Doppelhaushälfte angemietet. Dort hatten wir einen kontaktfreudigen Nachbarn, der am folgenden Wochenende Besuch bekam, und zwar von seinem Arbeitgeber. Mit dem verstanden wir uns auch auf Anhieb fantastisch und so verbrachten wir mit ihm ein paar Stunden bei anregender Konversation über Gott und die Welt. Da wir zu dem Zeitpunkt schon sicher waren, schnellstmöglich nach Panama zurückzukehren, erfuhren wir dabei „zufällig“, dass dieser Unternehmer ein Ferienhaus besitzt, und zwar ziemlich genau in jener Gegend, für die wir uns zum Wohnen entschieden hatten! Und natürlich passten Lage, Größe und Preis zu unserem Plan…ganz „zufällig"! Aber damit nicht genug: da wir mit der langfristigen Autoanmietung in Mittelamerika wegen der exorbitanten Versicherungsprämien generell weniger gute Erfahrungen gemacht hatten und eine teure Wiederholung vermeiden wollten, freuten wir uns wie die Schneekönige, als wir von unserem neuen Vermieter wenig später auch noch einen soliden Gebrauchtwagen aus seiner Fahrzeugflotte zum fairen Preis angeboten bekamen!

Genug der „Zufälle", die mir beziehungsweise uns als Familie im Zusammenhang mit unserer Pro-Panama-Entscheidung zugefallen sind. Anhand dieser drei Beispiele wollte ich lediglich aufzeigen, wie sich vermeintliche Zufälle auch in Dein Leben einfügen werden, je bewusster Du Deinem Lebensfluss folgst! Zugespitzt behaupte ich sogar, Du könntest auf all die geschilderten Vorbereitungen und „Hausaufgaben" in den Bereichen Persönlichkeitsentwicklung, Gesundheit und Finanzen verzichten, so Du durchgehend zu einhundert Prozent im Ur-VERTRAUEN unterwegs bist! Was meine ich damit? Falls Du heute bereits von Dir im Brustton voller Überzeugung sagen kannst, Du bist das, was spirituelle Menschen als „erleuchtet" bezeichnen, folgst Du sowieso ausschließlich Deiner Intuition statt einem systematischen Plan, wie ich ihn hier niederschrieb. Du bist dann mit Deiner Aufmerksamkeit immer bewusst im Sein, also weder in der Vergangenheit noch in der Zukunft und akzeptierst alle „Zufälle", die gerade Deinen Weg kreuzen. Annehmen, was gerade kommt, ganz egal wo und wie, ist dann Dein Lebensmotto. Mal ehrlich: kennst Du so einen Menschen in Deinem persönlichen Umfeld? Nein? Ich auch nicht, jedoch etliche, die sich auf den Weg zu sich selbst und neuen Ufern gemacht haben und weitestgehend angstfrei im Hier und Jetzt leben. Und weil wir persönlich keinen „Erleuchteten" kennen, schrieb ich eben meine Erkenntnisse und Erfahrungen hier nieder, sozusagen als „Blaupause für gelernte Materialisten". Als solche haben wir gelernt, logisch zu denken und vorausschauend zu planen. Diese Fähigkeiten haben sich auch für mein Leben durchaus bewährt, weshalb es keinen Grund gibt, ihnen von heute auf morgen zu misstrauen.

Wir leben in einer Zeit vollkommener Mittel
und verworrener Ziele.
In der Mitte von Schwierigkeiten
liegen die Möglichkeiten.
Albert Einstein

Dein Warum und die Selektion

Der Klassiker unter den Auswanderungs-Motiven von Mitteleuropäern und Nordamerikanern ist zweifellos das Bedürfnis nach mehr Sonne. Auf den Geschmack kommen viele spätestens dann, wenn sie das erste Mal für zwei oder drei Wochen dem nasskalten Winter in den warmen Süden entflohen sind. Da stellt sich nach der Rückkehr in den grauen Norden bei vielen automatisch die Frage, warum nicht immer so leben? Ich war traditionell jemand, der glaubte, die vier wechselnden Jahreszeiten zu brauchen, von denen jede zweifellos ihren eigenen Charme besitzt. Als ich mit meiner Familie jedoch zum ersten Mal einen kompletten Winter im tropischen Süden verbrachte, wurde dieser Glaubenssatz in Luft aufgelöst. Ich ließ mich auf den warmen Winter ein und „überstand" ihn braun gebrannt und mit einem Vitamin-D-Überschuss. Ich fühlte mich leicht und aufgeladen. Von da an bekam das Motiv, längerfristig unter südlicher Sonne zu leben, klare Konturen. Es verlängerte sozusagen meine „Hin-zu"-Liste.

Und bei Dir? Was ist oder wäre Dein Hauptgrund, auszuwandern? Das überwiegend sonnige Wetter in südlichen Gefilden ist schon ein Magnet, oder? Mag auch sein, dass Du einfach das ziemlich stressige Leben in der mitteleuropäischen Wohlstandsgesellschaft satt hast und ein entspanntes und einfaches Leben „in der Pampa" bevorzugst? Vielleicht suchst Du als Unternehmer beziehungsweise Freiberufler auch nach einem neuen interessanten Markt für Deine Offerten oder einfach nur faire steuerliche Rahmenbedingungen? Möglicherweise ist es auch ein bunter Mix an Motiven, der Dein Fernweh befeuert? Ganz egal, was Deinen Auswanderungswunsch besonders antreibt – Du musst ihn unbedingt mit den wesentlichen Fragen unterlegen, damit er erfolgreich realisiert wird!

Angenommen, Du hast Dein WARUM und bist mental wie materiell gut vorbereitet, um jetzt Deine neue Wahlheimat zu finden. Damit ist übrigens nicht eine Situation gemeint, wenn Du für einen Großkonzern schuftest und er Dir jetzt ein paar Hunderter mehr im Monat bietet, damit Du – ohne oder mit Kind und Kegel – ein paar Jahre in das von ihm vorgegebene Land ziehst, um dort seine Geschäftsinteressen zu vertreten. In solch einem Fall würdest Du lediglich reagieren statt eigenverantwortlich zu wählen und zu strukturieren! Sicherlich ist das legitim und auch ich kenne Menschen, die auf diese Weise zu ihrem „Glück" gezwungen wurden. Dieses Lebensmodell erfordert aber weder Mut noch überdurchschnittlich Eigeninitiative, da der Arbeitgeber mit mehr Geld und vermeintlicher Karrierechance winkt und nur noch ein „ja" zu seinem Plan hören möchte. Anschließend kümmert sich die Unternehmens-Bürokratie um alles, sogar um die Abholung des Containers mit allen Habseligkeiten...

Du also besitzt hingegen eigene Motive und bist bei der Selektion des geeignetsten Auswanderungszieles. Ganz unabhängig von Alter und Familienstand hast Du dann weitere „Hausaufgaben" zu erledigen, um einen Ort zu finden, an dem Du glücklich leben kannst. Damit unterstelle ich Dir zugleich, dass Du nicht blind einem Hirngespinst hinterher rennst wie zum Beispiel dem legendären „(US)American Way of Life", der seit Ende der achtziger Jahre ganz erheblich an Strahlkraft eingebüßt hat. Du hast stattdessen einige für Dich interessante Länder bereist, schaust also genauer hin und stellst Dir nun die folgenden Fragen, zu denen ich Dir als Orientierungsmarke jeweils meine Antworten liefere:

1) Möchte ich im gewohnten beziehungsweise ähnlichen Kultur- und Sprachkreis bleiben?

Diese Frage habe ich absichtlich vorn platziert. Stellt nämlich bereits eine andere Sprache für viele Menschen eine natürliche Barriere dar, so ist die Wahl des Kulturkreises fundamental. Erst recht, falls Du einer bestimmten Glaubensrichtung sprich Religion anhängst. Eine neue Sprache lässt sich heutzutage effizient erlernen, der Wechsel oder die bloße Unterordnung tief verwurzelten Glaubens unter „fremde Sitten und Gebräuche" nicht! Mache Dir bitte klar, dass es nicht überall auf unserem Planeten solch eine Toleranz gegenüber fremden Religionen gibt wie zum

Beispiel in Deutschland. So gesehen schränkt eine religiös begrenzte Weltsicht zugleich Deinen Auswahl-Radius für Auswanderländer ein. Falls Du vorrangig sonnenhungrig bist und ansonsten keine weiteren Ambitionen mehr verfolgst, so könntest Du dennoch bereits in Spanien, Portugal, Italien oder Griechenland eine neue Heimat im christlichen Kulturkreis finden. Da sich das Christentum bekanntlich nicht auf jene Länder beschränkt, kommt als Option eine weitere Frage ins Spiel...

2) Möchte ich eher in Europa leben oder ist mir die Entfernung zur Heimat egal?

Erweitert man also den eben erwähnten christlichen Kulturkreis über Europa hinaus, dann kommt beispielsweise der ganze amerikanische Kontinent als mögliches Auswanderungsziel in Frage. Allerdings nur, wenn einem die (Flug)Entfernungen nicht zu weit sind. Die Distanz vom Heimatland ist nicht nur für Dich bedeutsam. Da Du sicherlich Familienmitglieder und enge Freunde hast, die neugierig sind, wo Du gelandet bist, spielt sie durchaus eine Rolle bei der Entscheidungsfindung, Dich zu besuchen. Nicht jeder ist bereit und auch gesundheitlich in der Lage, einen halben Tag oder länger im Flugzeug zu verbringen und dafür noch viel Geld auszugeben. Hinzu kommen noch Vorurteile. Als beispielsweise eine Bekannte erfuhr, dass ich in Panama lebe, stellte sie besorgt die Frage, wie ich denn mit all den gefährlichen Insekten und Kriechtieren zurechtkomme, die in den Tropen heimisch sind? Ja, Du kannst darüber vielleicht lachen, aber allein die Vorstellung, sich in der Gegenwart von großen Spinnen und giftigen Schlangen aufzuhalten, lähmt bei derart ängstlichen Menschen jegliche Initiative selbst für einen kurzen Besuch. Da wir schon dabei sind: natürlich gibt es zum Beispiel in Panama recht große Spinnen, Skorpione und Schlangen, die auch ich schon live bestaunen dürfte. Und ja, auch aus unseren Unterkünften beförderte ich bereits einige Krabbeltiere hinaus, zurück in ihren natürlichen Lebensraum. Aber – das ist jetzt ein ganz großes ABER – all diese exotischen Tiere haben viel mehr Angst vor uns wuseligen Menschen und flüchten so schnell sie können, wenn wir auftauchen! Es versteht sich allerdings, dass erhöhte Achtsamkeit – nicht Furcht! – angemessen ist, wann immer man im „Busch“ unterwegs ist.

3) In welchen Ländern meiner engeren Wahl verfüge ich bereits über soziale Kontakte oder gar geschäftliche Beziehungen?

Es ist zweifellos sehr hilfreich, jemanden zu kennen, der schon dort lebt, wo Du selbst auch leben möchtest. Er bietet Dir sehr wahrscheinlich seine Hilfe an und erspart Dir eine Menge, auch mit Geldverlusten gekoppelter „Anfängerfehler" in der neuen Heimat. Was ich Dir hingegen nicht empfehlen kann ist, einem solchen Bekannten in allem blind zu folgen. Er mag es gut meinen mit seinen Ratschlägen aus eigener Erfahrung, jedoch kennt er nicht Deine tatsächlichen Intentionen. Aus diesem Grunde bereite Dich stets selbst so gut wie möglich vor und ergänze Dein „Lebenspuzzle" mit jenen Teilen von außen, die genau zu Dir passen. Meiner Auffassung nach sollte solch ein ausgewanderter Freund jedoch nicht das Hauptmotiv für Deine eigene Ausstiegs-Entscheidung sein, denn er könnte morgen einen anderen Plan verfolgen oder einfach wieder zurück in euer Ursprungsland gehen. Dann wärst Du wieder auf Dich allein gestellt und schlimmstenfalls verunsichert, da Du jetzt Deinen „Paten" vermisst. Ich kenne ein zauberhaftes Pärchen, das mit ihren zwei kleinen Kindern seit Jahren einen neuen Lebensmittelpunkt außerhalb Deutschlands sucht. Sie reisten schon gut herum und testeten einiges aus, auch deutschsprachige Gemeinschaften, die sich so etwas wie ein „gallisches Dorf" in ihrer Wahlheimat geschaffen haben. Es sieht zunächst bequem, sicher und vertraut aus, unter gleichgesinnten Muttersprachlern zu leben. Sie spürten jedoch zugleich, dass eine solch geschlossene „Friede-Freude-Eierkuchen"-Community die Tendenz entwickelt, seine Bewohner einzuschränken, zu separieren und zu bevormunden! Grundsätzlich kann auch dieses Aussteiger-Modell funktionieren, vor allem für unsichere Menschen, die gewisse Abhängigkeiten als Preis für gefühlte Sicherheit in Kauf nehmen. Ich halte davon allerdings nichts, da es für mich das Normalste auf der Welt ist, sich komplett auf das Einwanderungsland seiner freien Wahl einzulassen, dessen Menschen zu respektieren und seine Regeln zu akzeptieren. Selbstverständlich gehört das zügige Erlernen der Landessprache dazu. Diese klare Einstellung ist das Resultat jener „Hausaufgaben", die ich hier niederschrieb. Und diese „Hausaufgaben" beginnen eben nicht mit der Auswahl des Auswanderungslandes, sondern mit der konsequenten Arbeit in und an uns selbst! Ich möchte es Dir hier noch einmal ans Herz legen: bitte unterschätze diese Entwicklungsarbeit nicht, denn egal, wohin Du gehst, Du nimmst Dich stets selbst mit! Ein ungezähmtes Ego oder nicht aufgelöste Kindheitsmuster wirken überall, ganz egal wie schön die neue Umgebung auch ist. Noch kurz zu vorhandenen Geschäftsbeziehungen: sie könnten durchaus eine super Startbahn in der Wahlheimat für Dich sein! Es erleichtert eine solche Entscheidung enorm zu wissen, dass man bereits über eine existierende Einkommensquelle vor Ort verfügt. Hier gilt jedoch das Gleiche wie mit dem Bekannten, an den man sich nicht ausschließlich klammern sollte: Wenn nur das Geld lockt und Du Dir alles andere herum – also Land und Leute - „schön gucken" musst, ist dies eine extrem instabile Basis für ein glückliches Auswandererleben. Deshalb setzen wir unsere Expertise durch die richtigen Fragen fort.

4) In welchen Ländern und Regionen herrscht weitestgehend politische Stabilität und warum?

Wir leben in einer sehr dynamischen Zeit. Die so genannte „Wissenschaftlich-technische Revolution" beschleunigt alle Prozesse unseres Lebens. Sie sorgt zugleich für einen härteren ökonomischen Wettbewerb in gesättigten Verdrängungsmärkten, der oft auch mit unfairen Mitteln wie Handelskriegen oder mitunter auch „heißen" Konflikten und Bürgerkriegen ausgetragen wird. Es lohnt sich deshalb in Deinem ureigenen Interesse, einmal mehr den Adler zu machen und von oben herab auf unsere Erde zu schauen. Ich gehe selbstverständlich davon aus, dass Du keine Lust hast, von einer galoppierenden Inflation beglückt zu werden oder im Chaos eines (Bürger)Krieges zu versinken, richtig? Dann streiche also konsequent alle „unruhigen" Länder aus Deiner Liste! Prüfe mittels genauer Recherche via Internet die politische Historie und die Gegenwart Deiner Favoriten. Ja, mir ist schon klar, dass Vergangenheit und Gegenwart keine Garantie für die Fortsetzung einer bestimmten Politik in der Zukunft sind. Jedoch ist die Wahrscheinlichkeit für Kontinuität in traditionell „ruhigeren" beziehungsweise politisch neutral agierenden Ländern höher als dort, wo alle Nase lang Militärputsche oder Unruhen toben. Je besser Du natürlich die geopolitischen Interessen verstehst, umso leichter fällt es Dir, die aktuellen „No-Go-Areas" auf unserem

Globus herauszufiltern. Und diese Machtinteressen offenbaren sich Dir wiederum umso klarer, je besser Du die jüngere Weltgeschichte – womit ich die letzten rund dreihundert Jahre meine – sowie unser darin eingebettetes Finanzsystem verstehst! Der „Rest" ist bis zu einem gewissen Punkt, den ich „Grauzone" nenne, logische Schlussfolgerung.

5) Kann ich mit einem großen und sichtbaren Wohlstandsgefälle im Land meiner Wahl angemessen umgehen und ruhigen Gewissens leben?

Diese Frage hat eine stark moralische Komponente, denn ich kenne etliche Zeitgenossen, die fast Scham empfinden, wenn sie direkt mit sichtbarer Armut konfrontiert werden. Der durch mediale Beeinflussung speziell in Deutschland konditionierte Gedankengang, man darf sich allein dadurch schlecht fühlen, weil wir aus einem reichen Land kommen, dessen Wohlstand angeblich nur auf Kosten der so genannten „dritten Welt" entstanden ist, ist weit verbreitet. Er verantwortet zum Beispiel auch die – fast wahllose – Spendenaktivität der Deutschen vor allem zur Weihnachtszeit. Dieses Verhalten im „Schuldmodus" mutet für mich wie eine Art „Ablasshandel" an, mit dem sich viele derart beeinflusste Leute moralisch freikaufen. Falls Du Dich hierin wiederfindest, solltest Du kein Land wählen, wo es ein deutlich sichtbares Wohlstandsgefälle gibt! Denn Du willst ja woanders glücklich sein und nicht ständig mit einem schlechten Gewissen herumlaufen, oder?

6) Welche Bedingungen finde ich dort als potenzieller Arbeit- oder Unternehmer vor?

Diese Frage betrifft die „harten Fakten" der makroökonomischen Situation: die Einnahme-Schulden-Bilanz des Landes sowie die Stärke seiner einheimischen Währung! Ich finde es wichtig zu wissen, ob die Regierenden meiner Wahlheimat mit den zur Verfügung stehenden Ressourcen halbwegs intelligent wirtschaften! Dies sollte sich vor allem in der infrastrukturellen Entwicklung und der steuerlichen Behandlung von freiem Unternehmertum ausdrücken. Auch die regionale Währung sollte dies über eine relative Stabilität gegenüber den Welthauptwährungen zeigen. Es ist für das Alltagsleben vorteilhaft, wenn man nicht ständig auf stark schwankende

Wechselkurse achten muss, solange man finanzielle Brücken zur Eurozone nutzt. Und ja, es macht einen spürbaren Unterschied, wenn man den Lohn für erbrachte Leistungen nicht mit vierzig Prozent, sondern „nur" mit der Hälfte oder sogar weniger zu versteuern hat! Allein solch ein Vorteil im größeren Cashflow nimmt einem Unternehmer viel Druck von den Schultern. Solltest Du hingegen im Ausland – ganz oder vorübergehend - nicht auf eigenen Füßen stehen wollen, sondern eine Anstellung suchen, dann ist Deine Qualifikation der springende Punkt. Was also kannst Du so gut, dass man Dich überall gern einstellt und dabei sogar einem einheimischen Job-Sucher vorzieht? In einem Niedriglohnland mit dominantem Agrarsektor ist es beispielsweise nichts Außergewöhnliches, ein Landwirt oder Gärtner zu sein. In diesem Sektor triffst du dort auf massenweise Konkurrenz. Zudem beabsichtigst Du sicher nicht, für lediglich zehn US-Dollar pro Tag körperlich hart zu arbeiten, oder? Gut, im Gegenzug sind die Lebenshaltungskosten deutlich geringer als in Europa, jedoch bestimmst Du allein Deine Ansprüche und wir „Erste-Weltler" sind es schlicht nicht gewohnt, plötzlich mit sehr wenig Geld über den Monat kommen zu müssen. Das „Abspecken" in allem – auch den materiellen Ansprüchen – ist harte Arbeit, wie Du inzwischen erkannt haben wirst. Zieht es Dich stattdessen in ein anderes hoch entwickeltes Industrieland, so musst Du Dir klar machen, dass Du möglicherweise „vom Regen in die Traufe" kommst, also Deine Hamsterrad-Strampelei nur unter anderen geographischen und sprachlichen Bedingungen fortgesetzt wird, wenn Du dort einen gut bezahlten Job kriegst! Außerdem stellt sich die Frage, ob Du dort in der neuen Umgebung endlich das tust, was Du tatsächlich schon seit langem tun möchtest? Falls Deine ehrliche Antwort darauf „nein" lautet, so lass es besser sein!

7) Was ist aus meiner Wahlheimat über Kriminalität bekannt?

Wir sind uns hoffentlich einig darüber, dass es absolute Sicherheit nicht gibt, oder? Vielmehr geht es um unser subjektives Wohlgefühl. Niemand möchte permanent im stressigen Angst- oder Fluchtmodus leben. Deshalb wünschen wir alle uns ein friedliches Leben ohne jedwede Bedrohung, und dies vollkommen unabhängig davon, wo wir gerade sind. Dabei gilt: was wir gut und lange kennen, macht uns wenig bis keine Angst. Neues dagegen, wie zum Beispiel ein weit entferntes, exotisches Land verunsichert uns. Es wirft Fragen auf wie: werde ich als Tourist oder ganz allgemein als Ausländer automatisch das Opfer von Kriminalität? Wie werde ich in diesem Kulturkreis als Frau und aufgrund meiner unterschiedlichen Hautfarbe behandelt? Kann ich die Kinder allein zum Spielen draußen sein lassen? Hier sind eigene Beobachtungen während der Erkundungstouren sowie Reiseberichte aus dem Verwandten- und Freundeskreis hilfreich. Ich lernte beispielsweise auch aus eigenem Erleben, dass es in Costa Rica ein anderes Kriminalitäts-Verhalten gibt als im Nachbarland Panama. Im „Pura-Vida-Land“ Costa Rica ist es dringend geboten, sein Auto niemals auch nur für kurze Zeit mit sichtbaren Gegenständen aller Art unbeaufsichtigt abzustellen, da andererseits die Wahrscheinlichkeit einer Autoplünderung durch professionelle Banden extrem ansteigt! Währenddessen wird ähnliches aus dem Land am Kanal durch Einheimische nicht berichtet. Selbstverständlich wird auch das niemals ein vollständiges Bild ergeben. Es bleibt stets eine Grauzone und letztlich musst Du akzeptieren, dass es eben die einhundert prozentige Sicherheit nirgends gibt. Selbst mit der U-Bahn in meiner Heimatstadt Berlin musst Du mittlerweile sehr achtsam unterwegs sein, um nicht das Opfer krimineller Handlungen zu werden, wobei Diebstahl noch zu den geringeren Übeln zählt.

8) Was lässt sich über die alltäglichen Lebenshaltungskosten sagen?

Diese Frage ist ganz offensichtlich von großem Interesse für US-amerikanische Auswanderer in Panama, von denen ich etliche kennenlernen dürfte. Neben dem warmen Klima sind die niedrigen Lebenshaltungskosten dort ein Hauptmotiv für deren Auswanderung gewesen. Sicher, schon auf den ersten Blick erkennt man als durch Panama reisender Tourist diesen Vorteil: Ein Liter Super-Benzin kostet aktuell nicht einmal halb so viel wie in Deutschland. Ein landestypisches Mittagessen erhält man abseits der Hauptstadt Panama City schon für drei US-Dollar und einen zehn Kilogramm schweren Orangensack kann man sich durchschnittlich für bescheidene sechs US-Dollar in den Kofferraum packen… Derart günstige Preise für die Dinge des täglichen Bedarfs sind durchaus ein wesentlicher Aspekt für eine Umzugsentscheidung. Denn wenn Du weg vom Stress und mehr in die Ruhe kommen möchtest, so reduzieren geringere Lebenshaltungskosten natürlich den „Geldbeschaffungsdruck“.

9) Wie steht es um den Immobilienmarkt in meiner potenziellen Wahlheimat?

Diese Frage zielt auf zwei Aspekte. Zum einen auf die Marktsituation im Allgemeinen, womit allerdings nicht nur das sichtbare Preisgefüge für Immobilienangebote gemeint ist, das Du über das Internet prüfen kannst. Es macht für Kaufinteressenten einen großen Unterschied, ob man sich in einer Marktsituation befindet, wo das Angebot groß ist oder eher ausgedünnt! Ein breites Angebot zu moderaten, vergleichsweise niedrigen Preisen ist ein Indiz für eine gesunkene Nachfrage in der betreffenden Region. In solch einem Fall besteht eine realistische Chance, ein Eigenheim zum berühmten „Schnäppchen-Preis“ zu bekommen, zumal dort oft noch Verhandlungs-Spielraum für ein eigenes Gegenangebot vorhanden ist. Hier gilt: je entspannter und erwartungsfreier Du an solch eine Kaufpreis-Verhandlung herangehst, umso wahrscheinlicher wird Dein Erfolg sein! Umgekehrt ist es schwieriger – ein ausgedünntes Angebot setzt nicht Dich in eine gute Verhandlungsposition, sondern den Verkäufer. Damit kommt der zweite Aspekt ins Spiel: allerspätestens hier solltest Du ernsthaft Mietoptionen prüfen! Diese Alternative bietet sich meiner Auffassung nach ohnehin an, gerade zu Beginn seines neuen Lebens in der Wahlheimat. Als Mieter eines Apartments oder eines Hauses gibst Du Dir ausreichend Zeit, um die Region besser kennenzulernen. Du fühlst überall hinein und dabei kann es durchaus passieren, dass Du nach einer Zeit noch einmal den Ort wechselst. Dann ist es ein immenser Vorteil, nur Mieter zu sein, da Du zeitnah und ohne Verkaufsstress umziehen kannst. Du könntest solche Entscheidung auch mathematisch aus Investorensicht betrachten, wie es ein guter Bekannter von mir tut: er lebt günstig zur Miete und lässt sein als eigenverantwortlicher Investor eingesetztes Geld diese Miete erwirtschaften! Die Frage lautet hier: wie viel Kapital muss man mit welchem durchschnittlichen Jahresertrag investieren, damit davon die Miete bezahlt wird? Du brauchst jetzt nicht über die aktuellen Niedrig-Zinssätze für Guthaben bei deutschen Banken zu grübeln! Unterstelle stattdessen einmal, dass es solide Möglichkeiten gibt, um mindestens acht Prozent Kapitalertrag pro Jahr zu erzielen! Also angenommen, mein Bekannter zahlt monatlich 500 US-Dollar Miete, wofür man zum Beispiel in Panama schon sehr komfortabel wohnen kann. Bei acht Prozent Jahresertrag braucht es dann „nur" 75.000 US-Dollar, um seine Miete passiv zu verdienen! Um ein adäquates Haus selbst günstig und vor allem ohne Bankkredit zu kaufen, bräuchte er locker das doppelte Vermögen und dieses würde dann beim Kauf vergleichbarer Wohnqualität komplett in „Steine" konvertiert werden. So würde zwar die – recht bescheidene – Miete wegfallen, aber es wären 150.000 US-Dollar „an eine Scholle genagelt", also immobil investiert. Die gleiche Summe zur Ertragsgenerierung eingesetzt, ergäbe stolze 1.000 US-Dollar passives Einkommen jeden Monat. Was meinst Du, lohnt es sich über solch ein alternatives Wohnmodell nachzudenken?

Dies sind aus meiner Sicht wesentliche Punkte, die Du im Kontext mit einer Auswanderungsentscheidung vorab klären solltest. Es gibt sicherlich noch weitere spannende Aspekte, jedoch möchte ich nun noch zwei Punkte anfügen, die für Deine beziehungsweise die Entscheidung Deiner Familie, im Ausland zu leben, zweitrangig sein sollten: die Krankenversorgung und die Schulpflicht!

Bist Du jetzt überrascht? Wundern würde mich das nicht, gehören doch diese beiden Themen für brav konditionierte Deutsche zu den Top-Themen. Für mich sind sie das keinesfalls! Wenn Du nämlich Deine oben beschriebenen „Hausaufgaben" ordentlich und laufend erledigst, kannst Du Dir das viele Geld für die scheinbar beruhigende Mitgliedschaft in einer „Krankenkasse" sparen. Stattdessen kannst Du – zumindest übergangsweise – eine weltweit gültige Auslandsreise-Krankenversicherung nutzen, die zu einem Bruchteil des Preises einer deutschen Vollversicherung viele Leistungen auf Privat-Patienten-Niveau bietet. Übergangsweise deshalb, weil Du selbstverständlich zum Zeitpunkt Deines Ausstiegs die Verantwortung für Deine Gesunderhaltung längst übernommen hast und für den eher seltenen Fall, Rat von einem alternativen „Heiler" in Deiner Wahlheimat zu benötigen, eine finanzielle Rücklage angelegt hast! Vergiss also die Falle „Krankenkasse", welche die eingesammelten Beiträge überwiegend für die Verwaltung ihres bürokratischen „Wasserkopfes" sowie von Krankheitssymptomen verschleudert und damit vor allem die Pharma-Industrie bereichert, nicht jedoch Dein Leben!

Zum Thema „Schulpflicht“, die für Deutschland eine „Schulanwesenheitspflicht“ ist, werde ich etwas ausführlicher, da dieses Thema ein Dauerbrenner in Familien ist. Als ich damals mit meiner Frau und unseren Mädels zunächst nach Kanada umzog, ging es im erweiterten Familienkreis lange immer nur um die scheinbar so wichtige Frage, wo und wie die Kinder dort zur Schule gehen werden. Niemals ging es um das WARUM? Für mich jedoch ist die Klärung dieses „Warum Schule?“ aber gerade für Heranwachsende so wesentlich, statt sie automatisiert in das überholte Modell westlicher Schulbildung zu pressen. Was lernen denn unsere Kinder heutzutage in der Schule, wenn man einmal von den Basics Lesen, Schreiben, Rechnen und die Zweitsprache Englisch absieht? Wie viel von dem, was ich hier aufschrieb, ist dort – auch nur in Ansätzen - Unterrichtsstoff? Im tägliche Leben von uns Erwachsenen geht es im Kern und mit individuell unterschiedlicher Gewichtung stets um die „3-G´s“ Gesundheit, Gemeinschaft und Geld. Werden die Kinder in unseren Schulen also auf solche Fragen vorbereitet wie: mittels welcher Lebensweise bleibe ich gesund und werde ich einhundert Jahre alt oder älter? Wie verbinde ich mich mit gleich schwingenden Menschen und gestalte mit ihnen eine lebenswertere Zukunft? Wie werde ich wohlhabend oder sogar finanziell unabhängig, um letztlich wirksam viel Gutes für Menschen in meinem Umfeld und darüber hinaus tun zu können? Hast Du solche Themen während Deiner Schulzeit überhaupt oder gar ausführlich behandelt?

Für das ganzheitliche Verständnis der eigenen Kultur darf in der (Weiter) Bildung ein viertes „G“ nicht vergessen werden, nämlich jenes für Geschichte. Damit meine ich ideologie-freie Geschichte, die nicht durch Kriegsgewinner in Kollaboration mit angepassten Politikern diktiert wird! Der uns durch Politik und Bildungssystem eingeimpfte Dauerschuldkomplex in Verbindung mit der nur zwölfjährigen Herrschaft des Nationalsozialismus versperrt vielen Deutschen immer noch eine sachlich-neutrale und umfassende Sicht auf die eigene, Jahrtausende alte Geschichte. Wer wie ich achtsam durch die Welt reist, realisiert in Gesprächen mit Menschen aus aller Herren Länder schnell, dass man nirgendwo so ein durch einseitige Geschichtsverzerrungen negativ getrübtes Deutschlandbild hat wie wir es in unserem Heimatland „kultiviert“ haben! Da kann es schon mal passieren, dass man von einem gebildeten US-Amerikaner an einem Swimming Pool in Costa Rica Aufklärungs-Literatur empfohlen bekommt, die das ursprünglich erlernte Geschichtsbild regelrecht zertrümmern. Es ist peinlich und traurig zugleich, dass gerade uns Deutschen viele Jahrzehnte nach dem Ende des letzten Krieges auf deutschem Boden ausgerechnet unabhängige Historiker aus Ländern der ehemaligen Alliierten belegen müssen, vor welchen verheimlichten Hintergründen sich viele Ereignisse damals tatsächlich zugetragen haben... Wie heißt es doch so treffend? Reisen bildet! Und des Philosophen Mund tut auch Wahrheit kund, wenn er sagt: Wer seine Vergangenheit nicht kennt, kann seine Zukunft nicht bewusst gestalten! Eine fundierte und neutrale Betrachtung der Geschichte hingegen könnte sicherlich auch die Wiederholung von früheren Fehlentwicklungen vermeiden und eben deshalb ist es so wichtig, sich mit der Geschichte zu beschäftigen.

Der für mich akzeptabelste Grund, um seine Kinder freiwillig zu einer – wie auch immer angelegten – Schule zu schicken, ist ihr dortiger Kontakt mit Gleichaltrigen. Hinzu kommt im Ausland generell, dass die Kinder eine weitere Sprache sozusagen nebenbei lernen. Mindestens eine! Der für das reale Leben wichtige Stoff wird dann durch die aufgeklärten Eltern zuhause vermittelt. Aber zuallererst sollten Kinder lernen, wie man richtig lernt, sich also nützliches – nicht totes – Wissen selbst aneignet! Achtsame und selbst denkende Lehrer könnten und würden sich ganz sicher genau darauf fokussieren, ließe dies der offizielle Lehrplan zu. Letztgenannter dient aber – wie Du ja inzwischen weißt – lediglich der Vorbereitung aller Schüler und Studenten auf die Anpassungsfähigkeit in einem überholten Wirtschaftssystem oder anderes ausgedrückt: zur Züchtung neuer Hamster, welche die schwachen und alten „Treter“ im gleichnamigen Rad künftig ersetzen sollen.

Mut steht am Anfang des Handelns, Glück am Ende.
Demokrit

Die Mutigen leben vielleicht nicht ewig -
aber die Vorsichtigen leben überhaupt nicht.
Richard Branson

Und wo sind die Haken?

Als jemand, der östlich jener Staatsgrenze aufwuchs, die infolge der Nachkriegsordnung Deutschland teilte, erinnere ich mich heute mit einem Schmunzeln daran, wie ich vor dem Mauerfall überwiegend verreiste: mit dem Finger auf einem großen Globus! Darauf fand ich auch alle exotisch klingenden Länder, in die zu reisen mir als DDR-Bürger verwehrt war. Gut, es gab durchaus Alternativen in Osteuropa, wo ich einige Länder besuchte. Vergleiche ich diese politisch bedingten Reise-Einschränkungen jedoch mit den Freiheiten junger Menschen von heute, könnte mich schon ein gewisses Neidgefühl beschleichen. Könnte, denn real tut es das gottlob nicht, habe ich doch von 1990 an einiges nachgeholt.

Natürlich ist das Reisen allein kein Auswandern. Dennoch ist es dringend angeraten, möglichst viele kulturell unterschiedliche Regionen dieser Erde als Tourist zu testen, bevor man ein Auswanderungsziel definiert, wo man längere Zeit leben möchte. Fernsehen allein – wie ich es zu Beginn meines Buches erwähnte - reicht nicht aus, um zu fühlen, wo der geeignete Ort für einen dauerhaften Umzug sein könnte. Zudem kommt es auch darauf an, WIE man reist. Die Erlebnisse zwischen Pauschalreisenden und „Backpackern" unterscheiden sich deutlich: während Erstgenannte alles organisiert und fertig vorgesetzt bekommen, erkunden die Individualtouristen ein Land auf eigene Faust. So bequem eine „Fertigreise" auch ist, so abenteuerlich ist hingegen die Selbsterkundung. Es ist aufregend, morgens noch nicht zu wissen, wo man abends sein müdes Haupt betten wird. Als Single oder auch in Begleitung von einem Freund beziehungsweise einer Freundin ist das zudem unproblematisch, da keine Kinder zu bespielen und versorgen sind. Man folgt also einfach der Nase und lässt sich von der Intuition führen. Und dann kommen wieder die vermeintlichen Zufälle ins Spiel…Unter derartigen Umständen kannst Du eine Menge über Dich selbst lernen, auch darüber, wie Du mit ungewohnten Lebensumständen klar kommst. In einem von den Einheimischen abgeschirmten All-inclusive-Ressort dagegen schmorrst Du sozusagen mit den anderen Touristen im eigenen Saft. Natürlich kann es dort auch landschaftlich schön sein und engagiertes Personal sorgt für einen intensiven Wohlfühlfaktor. Jedoch vermag Dir diese komfortable „Käseglocke“ keine Auskünfte darüber zu vermitteln, was es bedeuten würde, in diesem Land für längere Zeit zu leben.

Welche Vorteile hast Du auf Deiner beziehungsweise habt ihr auf eurer Seite, wenn Du als Single oder ihr als Pärchen auswandern wollt? Das ist recht schnell zusammengefasst: Mit wenig Gepäck und frischer Tat- und Arbeitskraft kannst Du, könnt ihr es wagen, für unbestimmte Zeit in´s Ausland zu gehen. In etlichen Ländern existieren für junge Leute spezielle Programme, die einen leichten Zugang und schnellen Start in einem gefragten Job ermöglichen. Hinzu kommt die moderne Technik – man kann heute über das Internet Geld verdienen und dies vollkommen ortsunabhängig! Hier kann man überhaupt nichts falsch machen, zumal sich heutzutage alle benötigten Informationen gezielt aus dem Internet fischen lassen. Als jung-dynamischer Single darfst Du Dir selbst größere Lücken im „Hausaufgaben-Heft“ leisten, da Du ungünstige Entscheidungen und ihre Konsequenzen schneller ausbügeln kannst. Im Zweifelsfall, also wenn das Heimweh stärker ist als die Anziehungskraft des ausgewählten Landes, ist eine Rückkehr nach Mitteleuropa für junge, kinderlose Singles kein Problem. So betrachtet gibt es kein Risiko und ganz ehrlich - als junger Kerl heute würde ich so viel umher reisen wie ich könnte und dort länger bleiben, wo es mir besonders gut gefällt. Ja sicher, ich würde alle möglichen Jobs probieren, vor allem solche, wo ich mir weitestgehend meine Arbeits- und Lebenszeit selbst einteilen kann. Das „Schlimmste“, was nach einigen Jahren Weltenbummlerei passieren könnte, wäre dies: ich ginge zurück nach Deutschland und würde dort eine Firma suchen, die an jemandem interessiert ist, der mehrere Sprachen sicher beherrscht, sich mit der Nutzung moderner Kommunikationsmedien auskennt sowie ausreichend soziale, interkulturelle Kompetenz vorweisen kann. Was meinst Du, würde ich einen spannenden Job finden? Ja, ich bin ganz sicher, ich würde!

Nun wandern ja nicht nur junge Leute aus, sondern auch Pensionäre. Sie wollen ihren Ruhestand oft in warmen Gefilden verbringen und besitzen meist ein ansehnliches, über Jahrzehnte angespartes Vermögen, das ihnen einen komfortablen Einstieg in ihrer Wahlheimat ermöglicht. Das klassische, gerade hier in Mittelamerika durch US-Amerikaner und Kanadier bevorzugte Modell ist dann der Kauf einer passenden Immobilie in einer schönen Gegend, das in Kombination mit den monatlichen Rentenbezügen und eventuell zusätzlichen passiven Einkünften aus Vermietung oder Kapitalerträgen bei vergleichsweise niedrigen Lebenshaltungskosten ein entspanntes und druckfreies Altern garantiert. Zumindest finanztechnisch, denn diese Harmonie wird schnell getrübt, wenn die Eigenverantwortung für Körper, Geist und Seele vernachlässigt und die mangelhaften Ernährungs- und Bewegungsgewohnheiten beibehalten werden. Ähnlich wie für die junge Generation gilt aber auch hier: wirklich etwas falsch machen lässt sich aus der geschilderten Pensionärs-Position heraus nichts.

Die meiner Erfahrung nach größte Herausforderung besteht für wagemutige Senioren darin, ihre Entscheidung nicht an die heimischen Familienstrukturen zu koppeln. So traf ich hier Paare, die durch ihre Kinder „abgestraft" werden, indem diese sich schlicht weigern, sie in ihrem Aussteiger-Paradies zu besuchen. Um also überhaupt den persönlichen Kontakt aufrechtzuerhalten, fliegen die älteren Herrschaften deshalb regelmäßig zurück in die USA, um Kinder und Enkelkinder zu Besuchen. Ebenso kenne ich persönlich auch Menschen in Deutschland, die zwar gern auswandern würden, dies jedoch unterlassen wegen der Kinder und Enkelkinder. Es mag sein, dass jene mitunter als Alibi für Eltern und Großeltern herhalten, sich nicht konsequent verändern zu müssen. Andererseits mögen die engen Familienbande tatsächlich als wichtiger empfunden werden als ein glückliches Eigenleben in der Ferne. In jedem Fall kann auch Dir niemand aus der Familie Deine Entscheidung abnehmen. Zugleich brauchst Du Dich auch für absolut nichts zu rechtfertigen. Wenn Du also ein triftiges Warum hast, um ins Ausland zu gehen, dann tue es einfach, auch ohne Dir die „Absolution" aus dem Verwandtenkreis erteilen zu lassen!

Du ahnst es schon, oder? Genau, als „Mutter-Vater-Kind(er)"-Ensemble bedarf es selbstverständlich eines umfassenderen Aufwandes zum kontrollierten Aussteigen. Als Single musst Du auf niemanden Rücksicht nehmen, weil jede Entscheidung Deine eigene ist. Paare müssen sich natürlich in den wesentlichen Punkten einigen, bevor sie ins Ausland gehen. Kinder jedoch verändern alles! Dabei geht es nicht nur um die Verantwortung der Eltern für das physische Wohlbefinden der Sprösslinge. Je älter sie sind, umso mehr müssen Kinder nämlich in alle Prozesse der Familienplanung integriert werden. Schließlich haben sie sich zuhause über Jahre ein soziales Umfeld geschaffen, aus dem sie nicht von heute auf morgen herausgerissen werden wollen. Werden die Bedürfnisse und Bedenken der Heranwachsenden in der Vorbereitungsphase des Umzuges ins Ausland ignoriert, ist permanenter Stress in der Wahlheimat garantiert. Generell sind Kinder flexibel und passen sich neuen Bedingungen meist viel schneller an als ältere Menschen. Und ganz sicher finden sie auch im neuen Land mühelos gleichaltrigen Anschluss, jedoch mögen auch sie es nicht, bei solch bedeutsamen Veränderungen vor vollendete Tatsachen gestellt zu werden.

Richtig kompliziert kann es bei so genannten „Patch-Work-Familien" werden, also jenen Lebensgemeinschaften, wo nicht alle im Haushalt lebenden Kinder leibliche Nachfahren beider Elternteile sind. Hier gibt es zahlreiche juristische Auflagen im so genannten „Sorgerecht" für getrennt lebende Eltern, demgemäß jenes Elternteil, bei dem das gemeinsame Kind überwiegend lebt, bei wesentlichen Entscheidungen immer die Zustimmung des ehemaligen Partners einholen muss. Der Umzug ins Ausland ist solch eine wesentliche Entscheidung. Ohne grundsätzliche Einigung darüber darf das gemeinsame Kind sein Geburtsland nicht verlassen. Das sollte also bei dieser Familienkonstruktion zuerst überprüft und eindeutig geregelt werden, um nicht Luftschlösser zu bauen!

Und wie viel Geld brauchst Du, um den Schritt ins Ausland zu wagen? Das lässt sich pauschal nicht beantworten, hängt dies doch nicht nur von den vorgegebenen Immigrationsbedingungen Deiner Wahlheimat ab, sondern beinahe noch stärker von Deinem subjektiven Sicherheitsbedürfnis. Klar, grundsätzlich fühlt sich mehr frei verfügbares Geld besser an als vermeintlich zu wenig. Jedoch macht es einen deutlichen Unterschied, ob Du eben nur für Dich selbst planst oder für eine Familie. Generell sollte gelten: je älter man ist und je mehr Personen in den Umsiedlungsprozess integriert sind, umso größer sollten die Rücklagen beziehungsweise das Startkapital für´s Ausland sein. Als grobe Richtlinie könnte also ein junger Single durchaus mit rund zehntausend Euro bedenkenlos starten, während eine vierköpfige Familie nicht unter fünfzigtausend Euro ihren Auswanderungs-Prozess umsetzen sollte. Wichtig ist dabei, dieses Kapital nicht in nur einen „Korb“ abzulegen, sondern auf mehrere Konten und Debit-Karten sowie einen ordentlichen Bargeld-Bestand zu verteilen! Ich selbst habe es bereits mehrfach erlebt, dass ankündigungslos vom automatisierten Sicherheits-System des Anbieters eine Zahlkarte gesperrt wurde, nur weil ich beim Internet-Login oder am Geldautomaten versehentlich mal eine Zahl falsch eintippte. Je nachdem, wo Du Dich gerade befindest, kann es etliche Tage dauern, bis Du mit dieser Karte dann wieder zahlungsfähig bist. Genau darum ist es hochgradig naiv, gerade im Ausland kein Bargeld in der Tasche zu haben, wie ich es zunehmend vor allem bei jungen Menschen beobachte, die sogar einen „Coffee-to-go“ mit der Plastik-Karte bezahlen!

Pensionäre sind in zweierlei Hinsicht ein Sonderfall, denn erstens haben sie für gewöhnlich mehrere Jahrzehnte lang gespart und so ein beachtliches Vermögen akkumuliert. Und zweitens beziehen die allermeisten von ihnen mindestens eine, nämlich die gesetzliche Rente. Mindestens eine deshalb, weil viele Deutsche, die lange Zeit in großen Unternehmen angestellt waren, zusätzlich noch eine Betriebsrente ausgezahlt bekommen. Diese fixen Monatseinkommen sind natürlich ein Vorteil bei der Absicherung der laufenden Lebenshaltungskosten, sozusagen ein Privileg der frühen Geburt unter der nach dem zweiten Weltkrieg anschwellenden Herrschaft des ökonomischen „Höher-schneller-weiter“-Modells…alles hat eben zwei Seiten!

Mindestens ebenso wichtig wie ein gewisses Startkapital anzuhäufen ist es, sich zeitgleich und konsequent von seinen Schulden zu trennen, also schnellstmöglich alles zurückzuzahlen, was man sich irgendwann von irgendwem einmal geliehen hatte. Das vermittelt beiden Seiten ein gutes Gefühl und macht den Kopf nach vorne frei. Ein „No-go“ ist selbstredend, sich seiner Schulden per „Auslandsflucht“ unehrenhaft entledigen zu wollen. Denke stets an den oben beschriebenen Ursache-Wirkungs-Mechanismus, der sich volkstümlich so ausdrücken lässt: was du nicht willst, das man dir tu, das füg auch keinem anderen zu!

Ich möchte es an dieser Stelle noch einmal wiederholen: es nutzt mittel- und langfristig wenig bis gar nichts, wenn Du Dir nur jene „Puzzle-Stücke“ aus dem Gesamtbild herauspickst, die Du besonders magst. Weder ist viel Geld allein der Schlüssel zur Lösung all Deiner Probleme, noch wird Dich eine solide Gesundheit in relativer Armut und Mangelbewusstsein erfüllen. Falls Du noch keine mentale Säuberung durchgeführt hast und immer noch in der Vergangenheit lebst, bist Du außerstande, das Glück der puren Präsenz, die Dankbarkeit für alle Ereignisse in Deinem Leben und die beinahe unendlichen Entfaltungsmöglichkeiten auszukosten! Ganz unabhängig davon, für wie alt und weise Du Dich bereits hältst - verlasse niemals den Studenten-Status und konfrontiere Dich auch mit jenen Kern-Themen, die Du bisher mangels Interesse stiefmütterlich behandelt hast!

Ein Leben, das vor allem auf die Erfüllung
persönlicher Bedürfnisse ausgerichtet ist,
führt früher oder später zu bitterer Enttäuschung.
Albert Einstein

Vom Aussteiger zum Visionär

Hast Du schon eine Idee, was Dein eigener Ausstieg aus dem „Höher-schneller-weiter“-Hamsterrad mit einem gesellschaftlichen Nutzen, einer erstrebenswerten Vision zu tun haben könnte? Kommt Dir nicht eher noch das Wort „Egoist“ in den Sinn, weil Du Dich als Aussteiger ab jetzt auf Deinen eigenen Lebensplan fokussierst? Falls ja, wirkt ein altes Reaktionsmuster und in jedem Fall fehlt Dir noch der nötige Abstand zu all den komplexen Dingen, die Dich täglich in Atem halten. Ebenso wie ein „Satter“ nicht zum Protestieren auf die Straße geht, so wird ein „Gestresster“ vor lauter Überforderung nicht kreativ! Überlege einmal kurz: in welchen Lebensphasen hattest Du die spontansten und aufregendsten Ideen oder besser Eingebungen aus vermeintlich heiterem Himmel? Hast Du´s? Ich vermute mal, Du weißt jetzt, worauf ich hinaus will, richtig?

Um einen möglichst neutralen Draufblick auf Dein Leben im Einzelnen und DAS LEBEN im Ganzen zu erlangen, brauchst Du ausreichend physischen, emotionalen und energetischen Abstand vom Hamsterrad! Bildlich geschrieben liegst Du entspannt in einer Hängematte und beobachtest mit ruhigem Geist, was um Dich herum passiert. Du bewertest nicht, Du verurteilst nicht, Du beobachtest nur – auch Dich selbst, Deinen aktiven Verstand! Und in solch einer Entspannungsphase, also einer Periode in Deinem Leben, wo es keinen Termindruck und ebenso keine Energie raubenden Konversationen mit „Freunden“ gibt, wirst Du von inspirierenden Gedanken aber auch Kreativität regelrecht durchflutet. Und ja, es tauchen dann solche Fragen auf wie: was habe ich bisher eigentlich getan? Habe ich vielleicht mein Leben verplempert? Habe ich etwas nach vorn gebracht, was mir von Herzen wichtig war, oder habe ich nur funktioniert? Soll das bisher Erlebte bereits alles gewesen sein, wofür ich das Licht der Welt erblickte? Schließlich kommst Du auf die Schlüsselfrage für Deine Zukunft: wofür lohnt es sich künftig noch, jeden Morgen aufzustehen?

Jetzt sind wir bei Deiner Vision. Wir sind bei etwas, das viel größer ist als unsere profanen Ego-Bedürfnisse. Ich behaupte – nicht nur aus eigenem Erleben -, dass auch Du liebend gern unsere gequälte Erde retten möchtest, wenn Du nur könntest! Ich meine pure Uneigennützigkeit für das Ganze, für alle Menschen und Tiere. Das mag möglicherweise zu idealistisch oder abstrakt für Dich klingen, jedoch kann ein jeder von uns weit mehr als er sich zutraut. So zu denken und vor allem zu fühlen gelingt jedoch nur, wenn Du selbst im Entspannungs- und Friedensmodus, also kein „Problemfall“ mehr bist. Du kannst anderen nur helfen, wenn Du selbst fit und klar bist. Denke dabei an die Ansage im Flugzeug vor dem Take-Off, wenn erklärt wird, wie man sich bei einem Druckabfall in der Kabine verhalten soll: erst zieht man sich selbst die Atemmaske über den Kopf und danach Hilfebedürftigen!

Eine menschliche, zukunftsweisende Vision zu haben und systematisch zu verfolgen ist das komplette Kontrastprogramm zum Alltagskampf. Es macht einen fundamentalen Unterschied, ob Du Dich regelmäßig nur über die äußeren Umstände empörst und alles ablehnst, was ist, oder ob Du den gesellschaftlichen Status Quo akzeptierst und darin die Lücken für Machbares findest, welches Dein Leben und das Deines Familien- und Bekanntenkreises oder sogar weit darüber hinaus positiv beeinflussen kann! Das Ablehnen und auch nur verbale Bekämpfen dessen, was gerade ist, führt hingegen nicht zu einer ermutigenden Vision. Mache Dir bitte bewusst, dass unser zweifellos überdrehtes Lebensmodell derzeit noch die Masse der Menschen in Lohn und Brot hält und jegliche Reformen eine kurzzeitige Systemverlängerung bewirken. Damit gewinnen wir Zeit, auch für die Erzeugung und mediale Verbreitung neuer Visionen. Das ist aktuell sehr wichtig, denn unterschätze nicht, dass die Mehrheit der Menschen den Umgang mit Freiheit erst wieder oder noch lernen muss!

Denn was würde wohl bei unserem jetzigen, auf wirtschaftliches Überleben fokussiertes „Durchschnitts-Bewusstsein“ passieren, würde man uns allen sofort ein bedingungsloses Grundeinkommen geben, wie es seit Jahren in der Diskussion ist? Würden daraufhin mehr Eigenverantwortung, mehr Kreativität, mehr Solidarität bei den Menschen wahrnehmbar sein? Oder würde sich die auf „Kasko-Mentalität“ geeichte Mehrheit der Bevölkerung darauf verlassen, dass man sie schon irgendwie auf dem gewohnten Niveau versorgt? Und dies ohne zu hinterfragen, wie lange so etwas unter den Bedingungen des noch herrschenden, jedoch finanztechnisch bankrotten Systems funktionieren kann? Ist diese an sich human klingende Idee vielleicht auch nur eine weitere Reform, um die Menschen bei Laune zu halten und das Unvermeidliche hinauszuzögern? Um meine Fragen verständlicher zu machen, denke doch einmal an die Millionen Menschen in Deutschland, die aufgrund von Arbeitslosigkeit so genannte „Hartz-IV-Empfänger“ sind: solange bei denen die Miete bezahlt und der Kühlschrank voll ist, werden sie sich wohl kaum bewegen, oder? Bitte verstehe dies nicht despektierlich! Es geht mir nicht um eine Bewertung, ob dieses Alimentierungs-System gerecht oder ungerecht ist – das kann und will ich nicht einschätzen. Mir geht es um die Anschaulich- und Verständlichkeit: warum sollten sich unbewusste Menschen eher bewegen, wenn sie ein bedingungsloses Grundeinkommen statt der Hartz-IV-Zahlung erhielten? Hätten sie hingegen wahrhafte Motive oder gar eine begeisternde Vision, so würden sie sich bereits heute mutig und kreativ in Richtung Eigenverantwortung und Freiheit bewegen, oder?

Andererseits beginnen auch große Dinge mit kleinen Taten. Deshalb verdient alles Unterstützung, was uns hin zu alternativen Lebensmodellen führt. Darum entwickele auch Du Deine Vision von einer Welt, wo es mehr um das Sein als um das Haben geht! Eine Welt, in der Kreativität in Einklang mit der Natur mehr zählt als profitorientierte Arbeitsprozess-Optimierungen, bei denen weltweit Flora und Fauna zunehmend in Mitleidenschaft gezogen werden. Eine Welt, in der die Intuition und Weisheit der Kinder ein wesentlicher Maßstab für die Art und Weise von Wissensvermittlung durch uns Erwachsene sind. Entwickele auch Du Deine Vision von jener Welt, in der Du am liebsten – gemeinsam mit Deinen Liebsten und Freunden - leben möchtest. Ich bin mir sicher: wenn diese Vision von Herzen kommt und das große Ganze berücksichtigt, wirst Du dafür genügend Unterstützer gewinnen. Und wer weiß, vielleicht wird genau Deine Vision eines Tages eine allgemeine Realität im menschlichen Zusammenleben!?

DANKE!

Schon klar, ich weiß, dass dieses Kapitel in Büchern gern überblättert wird. Woher ich das weiß? Nun, ich habe das früher auch oft getan – Asche auf mein Haupt! Wohl wissend und ebenso akzeptierend, dass ich damit keine Ausnahme darstelle, bedanke ich mich von Herzen und ganz unabhängig von der Beachtung Dritter wie folgt:

DANKE an alle Menschen, die durch ihre persönliche Präsenz in den unterschiedlichen Abschnitten meines Lebens zu meinen Lehrern beziehungsweise Lehrerinnen wurden! In diesen Dank schließe ich ausdrücklich jene Menschen ein, deren mir damals unverständliches und scheinbar negatives Verhalten mich aus der emotionalen Balance brachte! Auch sie schulten mich mit – gleichermaßen wertvollen wie teuren –

Lektionen für meinen weiteren Lebensweg. Wofür die Konfrontationen mit diesen „Unruhestiftern" dennoch gut waren, erschloss sich mir oft erst viel später beim entspannten Blick aus der Adlerperspektive.
DANKE für die mich tragenden Inspirationen der Autoren unzähliger Bücher, Fachtexte und Video-Beiträge, die ich las beziehungsweise schaute, sowie für die Bemerkungen, Hinweise und Kritiken meiner Freunde, welche in Addition mit meinem Erleben zu diesem abschließenden Buch meiner „Metamorphose-Trilogie" führten! Meiner Überzeugung nach gibt es nichts Neues auf unserer Erde, sondern nur neu inkarnierte Erdbewohner, die uraltes Wissen wiederentdecken dürfen. Wir stehen wissenstechnisch alle auf den Schultern von Giganten vieler Generationen. Insofern sind meine Bücher „nur" praxisbezogene Komprimate verschiedener Wissensgebiete für motivierte Nachahmer. Also nochmals danke an euch, ihr Giganten und Mitdenker!
DANKE an die noch vielen System-(Unter)Stützer, denn sie ermöglichen mir und auch Dir, lieber Leser, überhaupt die hier beschriebenen Ausstiegsszenarien zu realisieren! Das ist kein Sarkasmus, sondern demütige Dankbarkeit, denn würde jetzt schon alles aus dem Ruder laufen, müssten wir alle uns wohl eher um das tägliche Überleben kümmern anstatt darum, Inspirations-Literatur zu lesen!
DANKE auch und natürlich ganz speziell an meine geliebte Frau Susanne und unsere wundervolle Tochter Greta Sofie für unseren gemeinsamen Lebensweg als moderne Globetrotter! Ebenso bedanke ich mich für euer Verständnis und die achtsame Unterstützung dafür, dass ich meiner Passion zum Schreiben stressfrei folgen kann!

DANKE LEBEN!

Ihre Zeit ist begrenzt, also verschwenden Sie sie nicht damit, das Leben eines anderen zu leben. Lassen Sie sich nicht von Dogmen in die Falle locken. Lassen Sie nicht zu, dass die Meinungen anderer Ihre innere Stimme ersticken. Am wichtigsten ist es, dass Sie den Mut haben, Ihrem Herzen und Ihrer Intuition zu folgen. Alles andere ist nebensächlich.
Steve Jobs